FERNANDO SEABRA
PREFÁCIO DE JOSÉ SALIBI NETO

A MANDALA DA INOVAÇÃO

Estratégias para inserir a inovação no cotidiano empresarial

Diretora
Rosely Boschini

Gerente Editorial Sênior
Rosângela de Araujo Pinheiro Barbosa

Editoras
Rafaella Carrilho
Deborah Quintal

Assistente Editorial
Camila Gabarrão

Produção Gráfica
Leandro Kulaif

Preparação
Wélida Muniz

Capa
Bruno Miranda

Projeto gráfico
Márcia Matos

Adaptação e Diagramação
Renata Zucchini

Revisão
Bianca Maria Moreira
Vero Verbo Serv. Edit.

Impressão
Plena Print

CARO(A) LEITOR(A),
Queremos saber sua opinião sobre nossos livros. Após a leitura, siga-nos no **linkedin.com/company/editora-gente**, no TikTok **@editoragente** e no Instagram **@editoragent**e e visite-nos no site **www.editoragente.com.br**. Cadastre-se e contribua com sugestões, críticas ou elogios.

Copyright © 2024 by Fernando Seabra
Todos os direitos desta edição
são reservados à Editora Gente.
R. Dep. Lacerda Franco, 300 – Pinheiros
São Paulo, SP – CEP 05418-000
Telefone: (11) 3670-2500
Site: www.editoragente.com.br
E-mail: gente@editoragente.com.br

É permitido o uso dos canvas desta obra para fins não comerciais, contanto que sejam utilizados sem modificações e completos, e que os créditos sejam atribuídos ao autor. Conforme o artigo 33 da Lei 9.610/98, ninguém pode reproduzir obra que não pertença ao domínio público, a pretexto de anotá-la, comentá-la ou melhorá-la, sem permissão do autor.

Dados Internacionais de Catalogação na Publicação (CIP)
Angélica Ilacqua CRB-8/7057

Seabra, Fernando
    A mandala da inovação : estratégias para inserir a inovação no cotidiano empresarial / Fernando Seabra. - São Paulo : Editora Gente, 2024.
    224 p.

ISBN 978-65-5544-542-8

1. Negócios 2. Empreendedorismo 3. Inovação I. Título

24-4423 CDD 650.1

Índices para catálogo sistemático:
1. Negócios

NOTA DA PUBLISHER

Inovar é uma palavra que, para muitos empreendedores, pode gerar tanto entusiasmo quanto receio. No cenário competitivo de hoje, onde a necessidade de se adaptar rapidamente às mudanças é constante, a Inovação pode parecer um desafio intimidador. Muitos se perguntam: como identificar oportunidades de Inovação e aplicá-las no dia a dia sem comprometer a estabilidade do negócio?

É nesse ponto que Fernando Seabra, com sua generosidade e profundo conhecimento, entra em cena. Com uma carreira marcada por sucesso e experiência, ele compartilha em *A mandala da inovação* ferramentas práticas e acessíveis para ajudar os empreendedores a transformar esse desafio em uma vantagem competitiva. Fernando é um mentor incansável, sempre disposto a compartilhar suas estratégias com aqueles que buscam crescimento e Inovação.

Ao longo de sua trajetória, Seabra desenvolveu metodologias ágeis e testadas para ajudar empreendedores a aplicar a Inovação em suas empresas, dia após dia. Neste livro, ele guia o leitor por seis elos essenciais da Mandala da Inovação, oferecendo um caminho claro e prático para quem deseja inovar de modo consistente e com impacto real no mercado.

Convido você a embarcar nesta jornada de aprendizado, com um guia valioso que vai transformar sua visão sobre como inovar e posicionar seu negócio para o sucesso contínuo.

ROSELY BOSCHINI

CEO e Publisher da Editora Gente

Na jornada da Inovação, o segredo não é prever o futuro, mas construir as conexões que transformarão o presente. Lembre-se: todo encontro é uma oportunidade para a criação de algo extraordinário.

@fernando.seabra

Ao meu pai, Luiz, que me ensinou que o verdadeiro sucesso se constrói com trabalho duro, consistência e, acima de tudo, com a transparência e a honestidade que guiam cada passo da nossa vida.

À minha esposa, Luciana, e à minha filha, Isabel, pela paciência e pela compreensão, presentes durante toda a jornada que possibilitou a criação desta obra.

AGRADECIMENTOS

Escrever um livro é um trabalho que exige tempo e muita dedicação para transformar todo o conhecimento adquirido em décadas de estudo e experiência profissional em algo que seja um guia para quem estiver lendo. Nesta minha jornada, pude contar com pessoas que, direta ou indiretamente, me ajudaram para que este conteúdo chegasse até você da maneira que eu sempre desejei.

Agradeço à Maria Augusta Tozello, que esteve ao meu lado durante todo o processo. Ao Gustavo Aron e ao Rodrigo Figueiredo, que, sempre presentes, me deram suporte e motivação extra para fazer isso tudo virar realidade.

Quero agradecer também a todos os embaixadores que fazem parte da Nação BoraFazer e que contribuem para o ecossistema de empreendedorismo acontecer. Aos meus mentorados, que a cada encontro contribuíram muito para esta obra: Adailton Junior, Camila Seganfredo, Camila Souza, Daniel de Souza, Dida Moreno, Douglas Aguirre, Eden Carlos Jesus, Eduardo Baptista, Gabriel de Azevedo, Giancarlo Verdum, Giulio Lombardi, Grasiéla Martins, Igor dos Anjos, João Paulo de Freitas, José Miranda, Julianna Torres, Mario Tetto, Matheus Vilas Boas, Míriam Leão, Nathalia Favaro, Odilon de Borba, Roberto Hanzi, Sabrina Carrillo, Sirley Batatinha de Souza, Vagner Teofilo, Valesca Khalil, Vitor Crovador.

A todos vocês, meu muito obrigado!

SUMÁRIO

Prefácio	**12**
Como usar este livro	**16**
Introdução	**18**
Capítulo 1 – O preço de não inovar	**24**
Capítulo 2 – MOAT: Vantagem competitiva sustentável	**40**
Capítulo 3 – As dimensões da Inovação	**48**
Capítulo 4 – A Mandala da Inovação	**66**
Capítulo 5 – Elo 1: Busca	**72**
Capítulo 6 – Elo 2: Conexões	**88**
Capítulo 7 – Elo 3: Visão	**108**
Capítulo 8 – Elo 4: Desenvolvimento	**142**
Capítulo 9 – Elo 5: Pitch	**170**
Capítulo 10 – Elo 6: Encontro	**198**
Capítulo 11 – Inovar a qualquer hora e em qualquer lugar	**208**
Capítulo 12 – A Jornada da Verdade	**216**

PREFÁCIO

AQUI TEM INOVAÇÃO NA PRÁTICA

Não há como negar que produtos e serviços ficam obsoletos em uma velocidade cada vez maior. Se há quatro décadas era possível passar anos sem inovar – pois os mercados e até países inteiros eram fechados –, a globalização acrescentou uma competição entre mercados que antes não existia. A partir daí, as empresas passaram a criar estratégias para se protegerem. Foi nesse período que as reservas de mercado ganharam um *boom*. Quem se lembra dos bancos que espalhavam agências em todos os bairros para que não houvesse a possibilidade de um concorrente pegar o mercado para si? O importante era não dar opções para o cliente trocar de empresa. E pouco se falava sobre a melhoria de produtos ou serviços.

Naquela época, ao mesmo tempo que as grandes empresas criavam essa reserva de mercado, a tecnologia foi ficando cada vez mais popular e ganhando tração no mercado. Isso acelerou muitos processos, e quem empreendia teve de se adaptar a essa nova realidade.

A partir dos anos 2000, a explosão da tecnologia acelerou o tempo e mostrou que não dava mais para dormir tranquilo acreditando que acordaria na manhã seguinte com a mesma vantagem competitiva. Produtos e serviços passaram a ficar ultrapassados ainda mais rápido, pois novos processos eram criados a todo momento. Diante desse cenário, não havia outro caminho. Inovar era a palavra de ordem. Se uma empresa não inovasse, ela morreria.

Inovar, é claro, sempre foi pauta dentro das empresas, mas agora toma uma proporção maior. Se antes sabíamos que era importante inovar, agora temos certeza de que é importantíssimo, porque os ciclos de vida – das empresas, dos produtos ou dos serviços – ficaram mais curtos, obrigando executivos e empreendedores a terem uma mentalidade voltada à inovação para captar os movimentos do mercado e conseguir transformá-los em oportunidade. No entanto, poucas empresas estão preparadas para a Inovação. Acompanho esse tema há anos e já há estimativas que mostram que cerca de 83% dos esforços de Inovação dão errado. São trilhões de dólares jogados fora todos os anos.

Porque inovar não é apenas ter uma ideia ou descobrir algo novo para a sua empresa. A Inovação de verdade tem de estar implementada na gestão e para isso existe todo um processo disciplinar e recorrente para ser seguido e aplicado.

Por isso, eu considero que este livro vem em um momento fundamental, pois, com as metodologias aqui apresentadas, empresas de qualquer porte e de qualquer segmento vão conseguir incorporar o conceito de Inovação e seguir este caminho com mais precisão.

E não poderia existir melhor pessoa para ensinar esta temática do que o Fernando Seabra. Com a sua experiência em gestão e seu conhecimento técnico profundo, ele consegue traduzir muito bem o conceito de Inovação neste livro e ajudar as empresas a adotarem estratégias assertivas.

Conheço o Fernando há vinte e cinco anos e temos vários elos em comum. Um deles é a nossa paixão pelo conhecimento de gestão. Desde 1987, quando fundei a HSM, maior plataforma de educação corporativa do país e reconhecida internacionalmente, passando pelos dez livros que escrevi e as palestras que dou no mundo todo, minha vida é dedicada a trazer novos conceitos de gestão para provocar a transformação de empresas, também de seus executivos e de empreendedores do Brasil. Seguindo a mesma linha, Fernando se tornou um profundo conhecedor da área de gestão e se dedica muito a esse assunto, principalmente pelo lado da Inovação, trabalhando com *startups* e empresas que vão mudar o mundo.

Outro elo que temos em comum, e este é particularmente especial para mim, sobretudo para este livro, é a nossa relação com Peter Drucker, o pai da Administração Moderna. Fernando foi aluno de Drucker no MBA, e eu trabalhei durante quatorze anos com esse mestre. Ele esteve no Brasil duas vezes, e eu o acompanhei por aqui e até o visitei várias vezes, nos Estados Unidos enquanto desenvolvíamos projetos juntos. Isso fortaleceu nossa amizade. Os ensinamentos de Drucker ainda são pouco conhecidos no Brasil e, mesmo entre aqueles que os conhecem, ainda há pessoas que não entendem a importância desses ensinamentos com profundidade. Desde o seu primeiro livro, em 1939, Drucker fala sobre a importância de criar um clima de Inovação para que ela aconteça de maneira continuada. Eu e Fernando acreditamos nesses princípios e continuamos seus discípulos. Tudo o que fazemos profissionalmente é com base nas ideias difundidas por Drucker desde o início dos anos 1940 e que se mantêm relevantes até hoje.

Para mim, o grande diferencial deste livro é que Fernando, apoiado em sua experiência, seu conhecimento e sua trajetória de longos anos à frente de programas de Inovação, fala sobre este assunto de maneira simples, mostrando na prática como criar um ambiente e uma cultura de Inovação contínuos, algo que Drucker preconizava. As metodologias apresentadas neste livro podem ser usadas tanto por *startups* como por empresas maiores e mais vividas. Não conheço ninguém mais preparado para esta missão do que o Fernando.

Então, aproveite tudo o que vai aprender nas próximas páginas. Tenha certeza de que você tem em mãos um MBA em formato de livro.

Um abraço,

JOSÉ SALIBI NETO
Autor best-seller, palestrante e cofundador da HSM

COMO USAR

Criei este livro com o objetivo de que ele seja prático. A cada capítulo, você encontrará todas as informações da Mandala da Inovação e um exemplo de como preencher as metodologias propostas. Para aproveitar ao máximo esta experiência, sugiro que, antes de começar, baixe na **Caixa de Ferramentas Mandala da Inovação** todos os canvas – ferramentas visuais para ajudar na organização de ideias, ou seja, os frameworks que serão utilizados e preenchidos ao longo do livro.

Sugiro que você faça anotações ao longo da leitura. Para isso, use as laterais do texto ou espaços que encontrar em branco.

O livro é seu. Rascunhe o quanto quiser.

Espero que aproveite ao máximo esta experiência. Este livro foi pensado para que você viva a cultura da Inovação e da transformação já!

ESTE LIVRO

Para ter acesso ao material completo, acesse este QR Code. Nele, você encontrará uma versão editável, caso prefira fazer tudo direto na tela, e também uma versão para imprimir e preencher à mão. A opção é sua.

INTRODUÇÃO

Inovar não é um luxo.
É a essência para se destacar em um
universo empresarial competitivo.
Fernando Seabra

Ter aulas com o próprio Peter Drucker, o pai da Administração Moderna, no MBA na Peter Drucker School of Management mudou completamente o que eu pensava sobre Inovação. Foi uma experiência tão enriquecedora que, após o término da pós-graduação, por ter me destacado, fui professor-assistente na primeira matéria de e-commerce criada pela escola em 1999.

Quando ainda estava no curso, me lembro de que, em uma das aulas, o próprio Peter Drucker, o pai da Administração Moderna, disse: "**Você tem que lançar produtos e serviços hoje e começar a matá-los amanhã**". Essa foi uma frase que me marcou profundamente. Como assim, pôr um fim tão rápido a algo que criei? Mas Drucker não estava falando de fechar as portas e desistir do sonho de empreender. Ele explicava, de maneira simples, um conceito de que vamos falar muito neste livro: Inovação contínua.

Vivemos em um mundo que passa por mudanças tão rápidas, tão profundas e tão complexas que devemos estar prontos para entendê-las e, quando possível, incorporá-las à nossa vida. Se não entendermos esse conceito, deixaremos de ser protagonistas das nossas próprias mudanças e nos tornaremos vítimas das mudanças do mercado.

Se o mundo tal como está traz tanto caos para a nossa vida pessoal, imagine para o empreendedor que já vive em uma montanha-russa constante. Além dos problemas que assolam qualquer gestão, o empreendedor vive, em seu negócio, a pressão contínua de estar sempre à frente das tendências, de inovar. Essa é a palavra de ordem. Mas o que ela quer dizer?

A maioria das pessoas ainda acredita que Inovação é implementar uma nova tecnologia na empresa ou que para ser inovador basta ficar atento a tudo que outras empresas estão fazendo e implementar tais mudanças no negócio. Puro engano. Nem sempre surfar a onda do outro é garantia de sucesso ou de Inovação. Vivemos em um cenário em que todo mundo copia o que aparece, mas pouco se cria.

Empreendedores precisam desenvolver uma mente inovadora para pensar continuamente dessa maneira. Assim como cravou Drucker há tantos anos: "**Quem não tem uma mentalidade voltada à Inovação está fadado ao fracasso**". Apenas com isso em mente é possível entender o que faz sentido de verdade para a empresa. Porque não adianta escolher o que vai inovar se não souber como usar a inovação para fazer o seu negócio crescer. E se o negócio não cresce, é porque a estratégia está errada.

A boa notícia é que existem metodologias adequadas para criar uma mente inovadora e saber trabalhar a Inovação contínua no seu dia a dia, e eu vou ensiná-las neste livro para você!

Antes de seguir, gostaria de me apresentar. Sou Fernando Seabra, palestrante, idealizador do Clube BoraFazer, TEDx Speaker, CEO da Seabra Academy, Investidor Anjo, Conselheiro do Pool I.A. da Bossa Invest e o brasileiro que mais participou como mentor e avaliador de reality shows de empreendedorismo e startups no mundo, com atuação nos programas *Shark Tank Brasil, Planeta Startup, Batalha das Startups, Meet the Drapers, Startup World Cup* e *Empreender para Vencer*. Tenho mais de trinta anos de experiência em empreendedorismo, e há mais de duas décadas venho acompanhando desde pequenos empreendedores até grandes empresários que precisam correr atrás de Inovação todos os dias para estar à frente da concorrência. E olha que não é fácil, já que a cada dia novos *players* entram no mercado, independentemente do seu setor, e só vence esta batalha quem estiver muito bem preparado.

Para ajudar essas pessoas, criei diferentes metodologias que, quando aplicadas, dão muito resultado. Até que combinei todas elas, dando origem à Mandala da Inovação, um conjunto de doze metodologias ágeis divididas em seis elos — Busca, Conexões, Visão, Desenvolvimento, Pitch e Encontro — que vão ajudar você a desenvolver uma mentalidade e visão inovadoras e identificar novas oportunidades de negócios, levando a sua empresa a outro nível.

O que eu pretendo é que você passe a pensar em Inovação de maneira diferente e que tenha em mãos um manual prático para implementar as ideias que surgirem no seu negócio. Nas próximas páginas, você vai aprender a tirar essas ideias do papel ou até mesmo desenvolver uma ideia que já exista na sua empresa, então validá-la e executá-la.

Além disso, será capaz de criar uma cultura de Inovação, montar um projeto de Inovação, desenvolver um pitch ideal e apresentá-lo, com sucesso, a uma bancada de especialistas. Isso também é inovar. Porque pode ser que surja um investidor ou uma oportunidade de negócio, e você tem de estar preparado para apresentar o seu projeto de maneira que ele se torne único e irresistível aos olhos dos outros. Se você já assistiu ao *Shark*

Tank Brasil ou a qualquer um dos reality shows de que já participei sabe muito bem quantos empreendedores não conseguem um investidor ou parceiro estratégico pelo simples fato de não saberem como apresentar o próprio negócio.

Estou há anos validando essas metodologias e diferentes métodos. Durante esse tempo, vi muitas empresas falirem porque não seguiram uma trilha de aprendizagem adequada. Por outro lado, vi muitas empresas virarem o jogo e alcançarem o sucesso por meio do que apresentei a elas. E me sinto na obrigação de compartilhar com você o que sei e os métodos que criei.

Acredite: A Mandala da Inovação será um diferencial para os seus negócios. Você verá que existe um caminho seguro a seguir e, mesmo diante dos erros, aprenderá com eles e os usará a seu favor.

Antes de você partir para esta leitura, quero deixar uma frase que permeia toda esta obra e espero que ela passe a permear a sua vida empreendedora também: Empreender não é implementar soluções, mas sim resolver problemas.

Venha comigo nesta nova jornada!

Empreender não é implementar soluções, mas sim resolver problemas.

@fernando.seabra

Capítulo 1

O PREÇO DE NÃO INOVAR

Sem a Inovação contínua, as empresas vão se tornar obsoletas e serão superadas por concorrentes mais ágeis e adaptáveis.
Fernando Seabra

Todos os dias são criadas empresas no mundo todo. No Brasil, não é diferente, aliás, nosso país se destaca nesse quesito, pois é uma nação considerada empreendedora. Para se ter uma ideia, só em 2023 foram abertas 3,8 milhões de novas empresas[1] por aqui que, juntas às demais abertas em anos anteriores, soma um contingente de 42 milhões de empreendedores. Mas os números não param por aí. O Serviço Brasileiro de Apoio às Micro e Pequenas Empresas (Sebrae) detectou que há 48 milhões de pessoas que ainda não têm uma empresa, mas gostariam de abrir uma em até três anos.[2]

Se os números são tão animadores por um lado, por outro sobra preocupação quando analisamos a quantidade de empresas que fecharam no mesmo período: 2,1 milhões. Nesse meio não há apenas empresas novatas, mas também muitas com mais de dez

---

[1] MINISTÉRIO DO EMPREENDEDORISMO, DA MICROEMPRESA E DA EMPRESA DE PEQUENO PORTE. **Mapa de empresas**: boletim do 3º quadrimestre de 2023. Disponível em: https://www.gov.br/empresas-e-negocios/pt-br/mapa-de-empresas/boletins/mapa-de-empresas-boletim-3o-quadrimestre-2023.pdf. Acesso em: 12 set. 2024.

[2] UM PAÍS de 90 milhões de empreendedores. **Sebrae**, 12 abr. 2024. Disponível em: https://agenciasebrae.com.br/dados/um-pais-de-90-milhoes-de-empreendedores/. Acesso em: 12 set. 2024.

anos de vida que não conseguiram sobreviver. Vale lembrar que um levantamento feito pela BigDataCorp com empresas brasileiras mostrou que após uma década de vida (ou seria de sobrevivência?) 99,9% das companhias já estão fechadas.[3]

No mundo, o fenômeno se repete. De acordo com o índice da agência Standard&Poor, em 1975, as quinhentas maiores empresas estadunidenses tinham, em média, trinta e sete anos. Apenas vinte e cinco anos depois, em 2000, esse tempo diminuiu para quinze anos. A análise mostrou que em 2015 o tempo médio de vida das empresas subiu para vinte e três anos, mas mesmo assim é um tempo muito menor do que aquele registrado em 1975.[4] No gráfico a seguir, é possível verificar que na década seguinte pouca coisa mudou em relação a isso.

---

[3] NAKAMURA, J. Brasil tem saldo positivo na abertura de empresas, mas a maioria não passa de três meses, segundo pesquisa. **CNN Brasil**, 10 jun. 2024. Disponível em: https://rb.gy/pfwuys. Acesso em: 12 set. 2024.

[4] VIGUERIE, P.; CALDER, N.; HINDO, B. 2021 Corporate Longevity Forecast. **Innosight**, maio 2021. Disponível em: https://www.innosight.com/insight/creative-destruction/. Acesso em: 12 set. 2024.

Adaptado de ANTHONY, S. D. et. al. 2018 Corporate Longevity Forecast: Creative Destruction is Accelerating. **Innosight**, fev. 2018. Disponível em: https://www.innosight.com/wp-content/uploads/2017/11/Innosight-Corporate-Longevity-2018.pdf. Acesso em: 11 out. 2024.

Esses dados mostram quanto as empresas estão perdendo mercado e deixando de existir porque não criaram no seu dia a dia a cultura da Inovação ou de uma mentalidade inovadora. E o mundo dos negócios não costuma ser bonzinho com organizações desse tipo. Enquanto elas sucumbem à Inovação, outras empresas surgem com novos negócios para substituí-las.

A esse movimento eu chamo de *Market Kill* e *Market Shift*. Esses conceitos refletem o impacto transformador da Inovação que pode levar empresas e setores estabelecidos ao declínio e, consequentemente, ao surgimento de novos mercados, modelos de negócios e players. Assim a Inovação tem capacidade de matar e de fazer nascer.

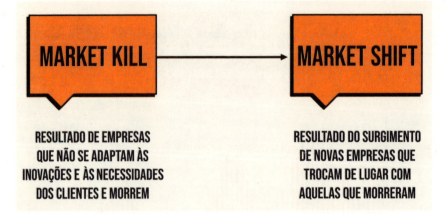

Quantas empresas que você conhece erram todos os dias e entram nesta rota Market Kill e Market Shift?

Eu diria inúmeras, inclusive as grandes. Há exemplos históricos de empresas que até foram consideradas inovadoras ou disruptivas em algum momento, mas que se perderam e caminharam rumo ao fracasso e à falência. A Kodak, gigante que chegou a dominar 90% do setor de câmeras e filmes fotográficos e que foi sinônimo de fotografia em todo o mundo, foi uma delas. Enquanto o mundo se encantava e se equipava com as máquinas fotográficas digitais, a empresa resistiu o quanto pôde a mudar a sua linha de produção.[5]

Quando resolveu tomar uma atitude, era tarde demais. Seu nome já não era mais ligado à qualidade e tradição nesse tipo de equipamento. Anos depois, a divisão de filmes fotográficos fechou. Qual grande erro a Kodak cometeu? Acreditar que estava

---

[5] KLEINA, N. A história da Kodak, a pioneira da fotografia que parou no tempo [vídeo]. **Tecmundo**, 10 out. 2017. Disponível em: https://www.tecmundo.com.br/mercado/122279-historia-kodak-pioneira-da-fotografia-nao-evoluiu-video.htm. Acesso em: 19 ago. 2024.

no mercado de produzir e vender filmes fotográficos e não entender que estava no mercado de *eternizar memórias*, não importava qual fosse a mídia.

Algo parecido aconteceu com a Blackberry, que chegou a dominar 50% do mercado de celulares estadunidenses. Na década de 2000, ter um aparelho desses era sinônimo de status pessoal e profissional, pois ele ia além de um mero telefone. Por meio dele, era possível consultar e-mails de qualquer lugar que você estivesse e abrir sites, entre outras funcionalidades. Mas o surgimento do iPhone mudou, mais uma vez, a relação do consumidor com o celular, e a Blackberry ignorou as novas tecnologias trazidas pela Apple. Em pouco tempo, a Blackberry perdeu a sua participação no mercado, ou seja, o seu market share, e fechou as portas.[6]

Outros exemplos foram a Blockbuster, que perdeu o *timing* para o streaming, e a Nokia, que já foi a maior fabricante de aparelhos móveis do mundo, mas não conseguiu se adaptar às mudanças trazidas pelos smartphones.

MARKET KILL E MARKET SHIFT NO BRASIL

Por aqui, grandes empresas brasileiras também sofreram com esse efeito. A Varig,[7] primeira companhia aérea do Brasil e que foi durante muitos anos a principal do país, começou a enfrentar

---

[6] 7 EMPRESAS que morreram nos últimos anos por não inovar. **Startse**, 12 maio 2021. Disponível em: https://www.startse.com/artigos/7-empresas-gigantes-que-morreram-nos-ultimos-anos-por-nao-inovar. Acesso em: 2 jul. 2024.

[7] GIUSSANI, D. Varig, Vasp, TransBrasil: o que aconteceu com as companhias aéreas que dominavam os céus do Brasil. **Exame**, 10 fev. 2024. Disponível em: https://exame.com/negocios/varig-vasp-transbrasil-o-que-aconteceu-com-as-companhias-aereas-que-donimavam-os-ceus-do-brasil/. Acesso em: 19 ago. 2024.

na década de 1990 sérios problemas financeiros e operacionais. A companhia trabalhava com aviões muito antigos — que não agradavam aos clientes que viam outras empresas com frotas mais modernas — e que tinham um consumo de combustível maior se comparado com aviões mais novos.

Além disso, a empresa não modernizou seu modelo de gestão e continuou usando os antigos e ineficientes sistemas de gerenciamento de voos e manutenção. Com isso, não conseguiu competir com outras companhias aéreas, como a GOL e TAM (que depois virou a LATAM), que já operavam com uma gestão mais eficaz, e assim em 2006 decretou falência.

Já a Mesbla, loja de departamento que durante décadas foi sinônimo de varejo de alta qualidade no Brasil, falhou ao não ouvir seus clientes que eram "mais bem tratados" na concorrência. A loja naufragou quando não se adaptou às mudanças de comportamento do consumidor e passou a ser vista como ultrapassada e pouco atrativa. Por outro lado, outras redes de varejo, como Casas Bahia e Ponto Frio e a popularização dos shopping centers, ofereciam experiência de compra mais moderna e conveniente e oferta de produtos mais baratos. E mais: a Mesbla se manteve no passado em outros setores.

Seu corpo administrativo era formado por quarenta diretores, o que fazia com que toda mudança virasse um problema burocrático. Além disso, a loja tinha excesso de estoque, mas não modernizou seus sistemas de abastecimento e distribuição.[8] Após anos

---

[8] SANTIAGO, H. Mesbla voltou: ícone dos anos 1980 dominou varejo e ruiu após hiperinflação. **UOL**, 13 maio 2022. Disponível em: https://economia.uol.com.br/noticias/redacao/2022/05/13/mesbla-o-que-era-no-passado.htm. Acesso em: 12 set. 2024.

tentando resolver os problemas financeiros ocasionados pela falta de Inovação, a Mesbla decretou falência, e as lojas foram fechadas gradualmente.[9] Ninguém nem se lembra mais dessa marca hoje em dia!

Para fechar a lista de exemplos, quero mostrar o caso de uma empresa muito tecnológica, mas que não soube entender as exigências do mercado: a TecToy.[10] Ela era destaque no mercado brasileiro na década de 1990, com a venda de brinquedos eletrônicos cujo portifólio incluía os consoles de videogame da Sega, como o Master System e o Mega Drive, que figurava na lista de desejos da maioria das crianças da época. Porém, a empresa perdeu relevância no mercado com a entrada de grandes *players*, como a Sony, com o PlayStation, e a Microsoft, com o Xbox. Com dificuldades para investir em pesquisa e desenvolvimento, não conseguiu competir com brinquedos mais modernos e interativos.

Diferente da Varig e da Mesbla, a TecToy não foi à falência, mas se encolheu tanto que perdeu a posição de destaque que tinha no mercado brasileiro. Enquanto este livro está sendo escrito, seu catálogo de produtos inclui produtos vintage, consoles próprios de videogame e eletrônicos em geral, como babá eletrônica e interruptores inteligentes.

---

[9] MARTINS, C. O que aprender com os erros da Mesbla. **Administradores.com**, 3 jul. 2011. Disponível em: https://www.administradores.com.br/noticias/o-que-aprender-com-os-erros-da-mesbla. Acesso em: 26 ago. 2024.

[10] GIUSSANI, D. Lembra dela? TecToy volta a apostar no mercado game e lança computador, acessórios e até jogos. **Exame**, 24 jun. 2024. Disponível em: https://exame.com/negocios/lembra-dela-tectoy-volta-a-apostar-no-mercado-game-e-lanca-computador-acessorios-e-ate-jogos/. Acesso em: 19 ago. 2024.

A Inovação
tem capacidade
de matar e
de fazer nascer.

@fernando.seabra

Todas essas empresas passaram por um movimento natural no mundo dos negócios: a evolução. Esse cenário exige um esforço gigantesco por parte delas, um em que a Inovação deixa de ser um diferencial e passa a ser questão de sobrevivência e, consequentemente, de sucesso ou morte. É preciso enxergar a evolução para seguir em frente; do contrário, o risco de fechar as portas se torna iminente.

A britânica Cunard Cruises se tornou a líder no setor de viagens transatlânticas na virada do século XX transportando milhões de pessoas da Europa para os Estados Unidos.[11] No final da Segunda Guerra Mundial, ela operava doze navios. No entanto, com a chegada dos voos comerciais a jato, a companhia viu o número de passageiros cair ano a ano. De 1 milhão de passageiros transportados em 1957, passou para 650 mil em 1965.

Ninguém mais queria ficar dias em uma viagem que poderia ser feita em horas. Claro que ela não foi a única afetada, mas enquanto as outras companhias de cruzeiro fechavam as portas, a Cunard usou a Inovação para criar um novo segmento de viagem: férias de luxo no mar. Então, os navios, que até então eram vistos apenas como meio de transporte, passaram a ser um local de recreação e entretenimento. Com essa mudança, a Cunard foi a pioneira no turismo de cruzeiros e sobrevive até os dias atuais.

Esse é um exemplo que mostra como o movimento de Market Kill e Market Shift em nichos de mercado pode produzir Inovação e fazer algumas empresas criarem novas propostas de valor com

---

[11] KIM, W.; MAUBORGNE, R. Innovation doesn't have to be disruptive. **Harvard Business Review**, maio-junho de 2023. Disponível em: https://hbr.org/2023/05/innovation-doesnt-have-to-be-disruptive. Acesso em: 12 jul. 2024.

novos produtos e serviços. Se você reparar, a Cunard Cruises não precisou usar recursos tecnológicos nem se tornar uma empresa disruptiva para sobreviver. Ela foi, simplesmente, inovadora.

O CONCEITO DE INOVAÇÃO

Existem muitos significados para o termo Inovação, mas do que eu mais gosto vem do Manual de Oslo,[12] principal fonte de diretrizes para a coleta e uso de dados sobre atividades inovadoras da indústria. Ele diz que a Inovação é a introdução de um bem ou serviço novo significativamente melhorado no que se refere às suas características ou usos previstos, ou, ainda, à implementação de novos ou significativamente melhorados métodos ou processos de produção, distribuição, marketing ou organizacionais na organização ou nas relações externas.

Inovar, portanto, vai além de introduzir novidades, pois inclui ter diferencial estratégico, criar valor, explorar novas ideias, atender às necessidades do mercado e aumentar a competitividade. Quando eu coloco todos esses conceitos juntos, chego à conclusão de que inovar é transformar novas ideias em resultados. Afinal, não adianta ter uma ideia sensacional se ela não me dá resultado ao ser implementada. Sem isso, a ideia é só uma invenção *à la* Professor Pardal, o personagem inventor das histórias em quadrinhos da Disney, conhecido por suas invenções nem sempre funcionais.

---

[12] OCDE. **Manual de Oslo**: diretrizes para coleta e interpretação de dados sobre inovação. OCDE/FINEP, 3ª edição, 2005. Disponível em: https://www.gov.br/mcti/pt-br/acompanhe-o-mcti/indicadores/paginas/manuais-de-referencia/arquivos/OCDE_ManualOslo3_2005_PT.pdf . Acesso em: 15 ago. 2024.

As invenções fazem, sim, parte da Inovação, mas somente a partir do momento em que trazem resultados. Sem eles, a ciência, a tecnologia e as pesquisas, entre outros conceitos que são sempre ligados ao ato de inovar, não são Inovação.

A Inovação impulsiona a evolução dos negócios e exige que as empresas estejam dispostas a se adaptar e encontrar novas abordagens para atender às necessidades dos consumidores. Assim, a capacidade de reinvenção é muito importante para se manter no mercado em um mundo em que a única certeza é a mudança.

Quando Joseph Schumpeter, o pai da Inovação, lançou o livro *Capitalismo, socialismo e democracia*,[13] em 1942, obra que marcou a sua vida e é famosa até hoje entre economistas, ele propôs a Teoria da Destruição Criativa como parte do importante processo de Inovação. Essa teoria apresenta que as economias de todo o mundo passam por ciclos de crescimento e transformação impulsionados pela introdução de inovações. Elas são responsáveis por criar produtos, processos e mercados e também por destruir antigos modelos de negócios e estruturas econômicas, levando a um constante processo de mudança e renovação.

A Teoria da Destruição Criativa desempenha papel essencial no desenvolvimento da sociedade, incentivando todos nós a nos tornarmos empreendedores e agentes de Inovação. Para Schumpeter, as mudanças são essenciais para impulsionar o crescimento da sociedade, e a destruição criativa é um impulso fundamental para o motor do desenvolvimento econômico do mundo capitalista.

---

[13] SCHUMPETER, J. A. **Capitalismo, socialismo e democracia**. Campinas: Unesp. 2017.

Veja este exemplo de destruição criativa na indústria da música. Se nos anos 1970 precisávamos comprar um disco de vinil – um produto – para ouvir música; depois comprar uma fita, e, mais para a frente, um CD, agora ninguém mais precisa do produto, mas sim de um serviço de streaming para continuar com o mesmo hábito. Ou seja, a destruição criativa transformou um produto em um serviço.

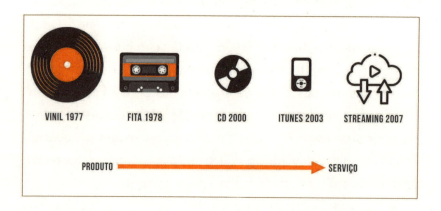

E por não entender o que é a Inovação e como ela é importante para que novos negócios surjam, como afirma Schumpeter, muitos empreendedores saem implementando qualquer coisa na sua empresa, copiando o que a concorrência está fazendo e acabam se dando mal. O que eles estão fazendo é só replicar modelos e não inovar.

Dessa maneira, a raiz do sofrimento e da falta de resultados de muitas empresas pode ser rastreada pela incapacidade de inovar, pela falta de conhecimento adequado ou até mesmo pela relutância em inovar. Isso mesmo! Há empreendedores que acreditam que não é preciso inovar, pois a evolução nunca vai atingir o seu negócio. Ele repete para si mesmo: "Meu negócio é muito sólido, tem muita estrutura e experiência, pois minha família está há séculos neste ramo. Não preciso mudar". Só isso já indica o início da derrota. Por trás desse discurso, porém, esconde-se um medo.

No meio empresarial, o medo pode ser de dois tipos:

- **Medo motivador:** faz a pessoa escutar as vozes externas (pode ser a concorrência, o cliente, uma situação específica do seu mercado) e transformá-las em motivação para gerar a Inovação necessária para o seu negócio.

- **Medo congelante:** faz a pessoa não ter reação diante de uma situação. Ela identifica o problema, sabe que pode afetar o seu negócio, mas não sabe o que fazer e não faz nada. O medo congelante também está por trás do comportamento daquele empreendedor que finge que o problema não existe. É esse empreendedor que reluta em inovar. Ele despreza as vozes externas e acha que somente o outro, aquele dono da loja do lado, é que precisa se preocupar com isso.

Um dos piores erros do empreendedor é achar que não precisa mais que crescer ou que já atingiu o sucesso. Essa zona de conforto é perigosa. No seu livro, Joseph Schumpeter afirma que nada é tão traiçoeiro como o óbvio. A empresa que fica parada, não ouve as vozes externas e acha que a Inovação é algo que vai passar rápido pode morrer.

A incerteza quanto a como abordar a Inovação dentro da empresa cria uma barreira invisível que dificulta o avanço. E aí vem aquela sensação de desânimo, como se estivesse assistindo a uma corrida frenética, sem saber como entrar nela nem se manter com o próprio negócio, enquanto olha para o lado e vê outras empresas crescendo. Mas isso só acontece porque o conceito de Inovação é entendido de maneira errada. Ninguém precisa inovar o tempo inteiro, mas deve-se pensar o tempo todo na Inovação. Quer um exemplo?

Qual é a relação entre companhias aéreas e um remédio para diabetes usado também para emagrecer? Em um primeiro momento, parece não haver relação alguma. No entanto, o olhar apurado mostra que, com passageiros mais leves, as companhias aéreas economizariam milhões de dólares somente com combustível. Afinal, aviões mais leves consomem menos.

O efeito Ozempic®, como é chamada essa relação, foi tema de um relatório produzido pela consultoria Jefferies Financial, em 2023, que mostrou que só a United Airlines, companhia aérea dos Estados Unidos, economizaria 80 milhões de dólares por ano se o peso médio dos seus passageiros diminuísse cinco quilos.[14] Isso é pensar em Inovação.

Já parou para refletir que o seu negócio pode estar estagnado porque você não tem essa cultura implementada na sua rotina? Por que isso acontece? Siga comigo, que esse é o assunto do próximo capítulo.

---

[14] OZEMPIC pode ajudar empresas aéreas a economizarem milhões graças a perda de peso dos passageiros. **O Globo**, 9 out. 2023. Disponível em: https://oglobo.globo.com/economia/noticia/2023/10/09/companhias-aereas-podem-economizar-milhoes-de-dolares-na-esteira-de-remedios-como-o-ozempic.ghtml. Acesso em: 28 jun. 2024.

Inovar é transformar novas ideias em resultados.

@fernando.seabra

Capítulo 2

MOAT: VANTAGEM COMPETITIVA SUSTENTÁVEL

*Inovar é a arte de
transformar perguntas
em soluções.*
Fernando Seabra

Warren Buffett é um dos principais investidores do mercado financeiro global. Conhecido no mundo todo, ele chama a atenção por suas frases polêmicas — como dizer que as pessoas deveriam investir em negócios que qualquer idiota pode comandar porque, um dia, algum idiota pode fazer isso — mas também pela sua visão avançada de negócios. Comandando a Berkshire Hathaway, empresa de investimentos que detém participações em dezenas de companhias, ele chama a atenção do mundo financeiro tendo, há décadas, retorno médio de 20% ao ano, usando a gestão de risco para multiplicar o capital.[15] Para ele, as empresas precisam criar uma barreira como se fosse um fosso de um castelo que impede a concorrência de tomar o seu lugar.

---

[15] WARREN Buffett: a história e as lições do megainvestidor. **Infomoney**. Disponível em: https://www.infomoney.com.br/perfil/warren-buffett/. Acesso em: 8 jul. 2024.

Imagem gerada por inteligência artificial | Adobe Firefly.

Esse conceito chamamos de MOAT (fosso, em inglês), que representa a vantagem competitiva em longo prazo que determinada empresa cria em relação a outras do mesmo setor de atuação. Warren diz que não investe em uma empresa a menos que ela tenha MOAT. Junto ao conceito de Inovação contínua, é possível concluir que hoje a mera vantagem competitiva não é mais suficiente, mas sim a vantagem competitiva sustentável, que tem inerente em si o conceito da inovação contínua.

A Apple soube trabalhar muito bem o MOAT ao criar o iPhone como uma marca forte, com design inovador e um ecossistema integrado de produtos e serviços. Usuários aceitam pagar mais pelo celular da marca a comprar outro semelhante, e por vezes até melhor, só para estar associado à Apple. O MOAT a protege das ameaças da concorrência, pois os clientes estão tão conectados com a solução que não querem saber de outras propostas concorrentes.

E mesmo com o MOAT criado, a Apple continua a investir pesadamente em Pesquisa e Desenvolvimento (P&D) para lançar produtos revolucionários e construir uma base de clientes leais que são atraidos pela experiência do usuário e qualidade dos produtos.

A Amazon, que faz parte do portfólio de investimento de Buffett, criou um MOAT por meio da sua plataforma de comércio eletrônico e de sua logística eficiente. A empresa investe em tecnologia e infraestrutura para oferecer uma experiência de compra conveniente e rápida. Além disso, ela diversificou os seus negócios para áreas como serviços em nuvem (Amazon Web Services) e streaming de vídeo (Prime Video), criando um ecossistema que atende usuários em 360 graus. Ele tem tudo de que precisa ali e não vê a necessidade de olhar para a concorrência.

Como você vê, as empresas de sucesso acreditam nas mudanças e na força da Inovação para criar uma vantagem competitiva sustentável em seus mercados. Como eu disse no capítulo anterior, inovar não é um diferencial, mas uma questão de sobrevivência. As empresas que não criam esse fosso de proteção (MOAT) estão, inevitavelmente, perdendo seu mercado ou morrendo, como aprendemos com a teoria Market Kill e Market Shift. É o caso da Blockbuster, da Kodak e das demais empresas das quais falei.

Criar um MOAT exige que a empresa adote uma abordagem estratégica que combine diferentes elementos, tais como:

- **Cultura organizacional forte:** desenvolver uma cultura que promova Inovação, criatividade, colaboração e excelência, alinhando todos os envolvidos na busca por vantagem competitiva sustentável.

- **Inovação contínua:** investir em pesquisa e desenvolvimento para criar produtos ou serviços inovadores e diferenciados que atendam às necessidades dos clientes de forma única e difícil de replicar.

- **Estratégia centrada no cliente (*Customer Centric*):** uma cultura que coloca o cliente no centro de tudo, com decisões e processos voltados para atender às suas necessidades e expectativas.

- **Fidelização de clientes:** construir relacionamentos sólidos com os clientes, oferecendo um excelente atendimento, programas de fidelidade e experiências excepcionais que os tornem leais à marca.

- **Barreiras de entrada:** para se proteger, a empresa precisa criar barreiras que dificultem a entrada de novos concorrentes, como altos custos de entrada, economias de escala ou acordos exclusivos com fornecedores.

Diante de tudo isso, eu pergunto para você: como está o seu MOAT? Você já criou um para a sua empresa? Como você viu, ele está diretamente ligado ao conceito de Inovação contínua. Eu preciso ser melhor que o concorrente para que o meu cliente não tenha vontade de conhecer o que está sendo feito do lado de fora. Essa é a melhor maneira de sobreviver ao efeito Market Kill e Market Shift.

Porém, o empreendedor que ainda fica agarrado a processos obsoletos sem acompanhar a evolução do mercado, que não cria uma liderança incentivadora que estimule a Inovação e a busca por oportunidades, que resiste às mudanças internas, anda contrário a todo esse movimento, abrindo espaço para que outra marca crie o próprio MOAT. Essa é uma das causas da estagnação dos negócios e o preço que muitos pagam por não inovar.

O que eu vejo é que muitas empresas paralisam porque não conhecem o que é a Inovação e acabam caindo em mitos que impedem o seu crescimento. Os mitos sugerem que inovar é sinônimo de adotar práticas arriscadas, o que pode intimidar empreendedores e empresas, especialmente as menores ou aquelas mais avessas ao risco. Essa percepção pode levar a crenças equivocadas como:

- **Inovação é apenas para quem pode se dar ao luxo de falhar:** essa ideia pode desencorajar pequenas empresas e organizações de tentar inovar devido ao medo de fracassos.

- **Inovar requer apostas grandes e ousadas:** a crença de que apenas grandes inovações, aquelas que transformam mercados, valem a pena, ignorando o valor das pequenas inovações.

Diante disso, o empreendedor se compara a grandes empresas e acha que inovar não é para ele. Puro engano. A Inovação não começa com a ideia de fazer algo necessariamente grande ou caro; pode ser até algo bem normal. No livro *Innovation and Entrepreneurship*, Peter Drucker afirma que **"inovadores bem-sucedidos são conservadores. Eles precisam ser. Não são focados no risco, e sim na oportunidade"**.[16]

---

[16] DRUCKER, P. **Innovation and entrepreneurship**. Nova York: HarperCollins, 2009. p. 140.

Portanto, entenda de uma vez por todas:

- **A Inovação é um processo contínuo e gerenciado;**
- **A Inovação é um fenômeno organizacional;**
- **A Inovação é algo que se aprende;**
- **A Inovação deve ser induzida por ferramentas e métodos ágeis.**

E, o principal, inovar não é arriscado, arriscado é não pensar em Inovação. Para a sua empresa crescer, você precisa inovar e quanto mais entender deste assunto, mais confiante e tranquilo se sentirá para incorporar essa mentalidade.

Vamos aprender mais?

Inovar não é arriscado, arriscado é não pensar em Inovação.

@fernando.seabra

Capítulo 3

AS DIMENSÕES DA INOVAÇÃO

*A harmonia entre a mente criativa
e a paixão pela resolução de problemas é
o palco da verdadeira Inovação.*
Fernando Seabra

Quando se passa a analisar a Inovação por meio de suas dimensões, abre-se um mundo de possibilidades em que se entende que é possível inovar em qualquer negócio. Como costumo dizer: um copo de vidro sempre será um copo de vidro, mas existe muito o que podemos fazer para inovar em seu processo de produção. Essa é a dimensão da Inovação, assunto de que vamos tratar neste capítulo.

EXISTEM CINCO DIMENSÕES DA INOVAÇÃO:

1. **Área**
2. **Tipo**
3. **Forma**
4. **Grau**
5. **Extensão**

Vou analisar cada uma delas para que você possa visualizar com clareza novas possibilidades de Inovação.

1. ÁREA

Larry Keeley,[17] especialista em Inovação, elaborou um modelo que mostra os diferentes tipos de Inovação por área da empresa. Ele as separa em inovações de configuração, inovações de oferta e inovações de experiência. Explico cada uma delas:

Inovações de configuração

São aquelas que se referem ao funcionamento interno da empresa. É nelas que é possível encontrar tipos de Inovação de modelo de negócio, de rede, de estrutura e de processos.

1. **Modelo de negócio:** esse tipo de Inovação redefine a geração de receita da organização. Por exemplo, a transição da Adobe que foi de vender somente software para a venda de assinaturas, que mostra como inovar no modelo de negócio pode aumentar a receita recorrente.
2. **Rede:** inovações de rede maximizam valor por meio de parcerias, como a Tesla fez ao colaborar para desenvolver infraestrutura de carregamento elétrico.
3. **Estrutura:** inovar na estrutura interna maximiza o valor dos ativos, como a Amazon fez com suas equipes autônomas two-pizza teams (no entendimento de Jeff Bezos, fundador da Amazon, a equipe deve ter membros suficientes para serem alimentados por duas pizzas).[18] Esse conceito é usado para aumentar eficiência e Inovação.

---

[17] KEELEY, L. *et al.* **Dez tipos de inovação**. São Paulo: DVS Editora, 2015.

[18] BARISO, J. Jeff Bezos Knows how to run a Meeting. **Inc.**, 30 abr. 2018. Disponível em: https://www.inc.com/justin-bariso/jeff-bezos-knows-how-to-run-a-meeting-here-are-his-three-simple-rules.html. Acesso em: 10 ago. 2024.

4. **Processo:** inovações de processo transformam atividades internas, como a Toyota fez com suas linhas de montagem Just in time, em que atendia a demanda exata, com o estoque de produção sendo abastecido no momento certo e entregando o produto dentro do prazo, gerando grande impacto.

Inovações de oferta

São focadas em um produto ou serviço da empresa. São de dois tipos:

1. **Performance do produto:** aprimoram ou criam novos produtos, como as montadoras que competem com tecnologias de assistência ao motorista e veículos autônomos.
2. **Sistema de produto:** foca produtos ou serviços complementares ao principal, como a Microsoft faz com a combinação de Windows, Office 365 e Azure.

Inovações de experiência

São aquelas que envolvem a experiência do cliente com a empresa, abrangendo quatro áreas:

1. **Serviço:** inovações no serviço da empresa, como melhorias no atendimento ao cliente. Um exemplo é o Zappos, loja on-line de sapatos dos Estados Unidos, que se destaca pelo excepcional atendimento ao cliente, oferecendo suporte 24 horas por dia, sete dias da semana, e políticas de devolução flexíveis, o que aumenta a satisfação e fidelidade dos consumidores.
2. **Canal:** inovações no canal utilizado para a distribuição do seu produto é um fator importante na retenção dos seus

clientes. Você precisa saber como o seu produto está sendo entregue e se os seus clientes estão sofrendo alguma dificuldade para usá-lo.

3. **Marca:** inovações na maneira como o seu cliente vê a sua empresa é uma questão fundamental para o relacionamento que os consumidores têm com a sua marca. Um exemplo é a Nike, que constantemente atualiza seu *branding* para refletir valores contemporâneos.

4. **Engajamento do usuário:** melhorar o engajamento do usuário ajuda empresas a interagir e criar conexões mais fortes com seus clientes. Um exemplo é a Netflix, que utiliza algoritmos avançados para personalizar recomendações e aumentar o envolvimento dos usuários.

AGORA RESPONDA:
EM QUAIS DESSAS ÁREAS VOCÊ ESTÁ INOVANDO?

....

....

....

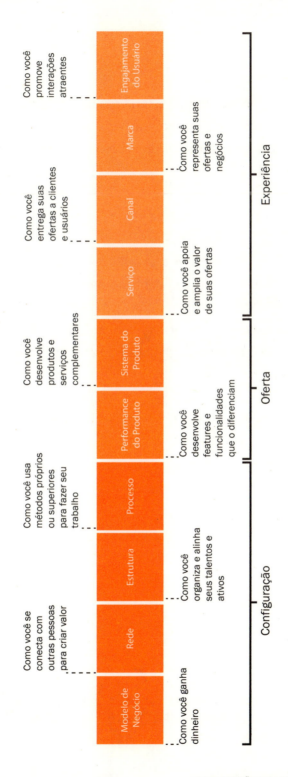

AS DIMENSÕES DA INOVAÇÃO **53**

2. TIPO

Como já falei, Inovação não é uma mudança drástica nem algo muito tecnológico. Ela está em ações que conseguem mudar a realidade de um negócio. Muitas vezes, ela é simples. De acordo com o Manual de Oslo,[19] as inovações podem ser de:

- **Produto:** introdução de um bem novo ou significativamente melhorado no que concerne a suas características ou usos previstos. A transição do MP3 para o iPod foi um exemplo disso, e representou uma melhora significativa.

- **Processo:** implementação de um método de produção ou distribuição novo ou significativamente melhorado. Incluem-se as mudanças significativas em técnicas, equipamentos ou softwares. Um exemplo é o RFID, sistema de rastreamento de cargas por meio de uma etiqueta de rastreamento.

- **Marketing:** introdução de mudanças significativas na concepção do produto, embalagem, posicionamento, promoção ou fixação de preços. O uso de inteligência artificial para personalizar campanhas de marketing digital é um exemplo de Inovação em marketing.

- **Organizacional:** implementação de um novo método organizacional nas práticas do negócio da empresa, na estrutura

---

[19] OCDE. **Manual de Oslo**: diretrizes para coleta e interpretação de dados sobre inovação. OCDE/FINEP, 3ª edição, 2005. Disponível em: https://www.gov.br/mcti/pt-br/acompanhe-o-mcti/indicadores/paginas/manuais-de-referencia/arquivos/OCDE_ManualOslo3_2005_PT.pdf. Acesso em: 10 ago. 2024

do seu local de trabalho ou em relações externas. A criação de *squads*, equipes pequenas, multidisciplinares e autônomas que se organizam em torno de um objetivo específico dentro de uma organização é um exemplo disso.

- **Inovação tecnológica:** introdução de novas tecnologias ou aplicação de tecnologias existentes usadas de maneira nova que resulta em melhorias significativas em produtos, processos, serviços ou modelos de negócios. A inovação tecnológica pode levar ao desenvolvimento de novos produtos ou serviços, à melhoria de processos de produção, à criação de novos mercados ou à transformação de setores inteiros.

AGORA RESPONDA:
EM QUAIS DESSES TIPOS VOCÊ ESTÁ INOVANDO?

....

....

....

3. FORMA

Quanto à forma, a Inovação pode ser de quatro tipos:

- **Adequação:** movimento que não traz muitas novidades para o mercado, mas com potencial de gerar importantes retornos para a empresa. Pode ser uma nova categoria de produtos que ela passa a comercializar, mas que já tem outros competidores vendendo, ou um novo processo que implementa, e que já é comum a outras do mercado. Exemplo: tablets em vez de iPads.

- **Melhorias:** ajustes em processos, produtos e operações existentes. Elas têm baixo grau de novidade e incerteza e podem trazer retorno para a organização. Exemplos: refinamento de uma embalagem que facilite o uso do produto por parte do cliente ou a mudança de uma versão para outra mais moderna de um eletrônico.

- **Invenção:** apresentam alto grau de novidade, mas não conseguiram ter aderência de mercado e, portanto, não geraram resultado para a empresa. Exemplo: telefone por satélite.

- **Inovação:** são iniciativas com alto grau de novidade para o mercado de atuação da empresa e que podem gerar resultados significativos para a organização. Exemplo: máquina fotográfica digital.

Observe o gráfico a seguir:

Como é possível ver, as formas de Inovação variam conforme o grau de novidade da ideia *versus* o grau de resultado atingido. Apesar da Adequação, Melhoria e Invenção serem formas de Inovação, considero a Inovação propriamente dita aquelas que apresentam maior grau de novidade e/ou de resultado.

AGORA RESPONDA:

QUAIS DESSAS FORMAS ESTÃO PRESENTES NAS SUAS INOVAÇÕES?

....

....

....

4. GRAU

Quanto ao grau, a Inovação refere-se à relação entre o mercado e a tecnologia utilizada. Pode ser de quatro tipos:[20]

- **Incremental:** focada na melhoria contínua de produtos, serviços ou processos. Não lança mão de muitos processos tecnológicos, e geralmente ocorre em mercados que já existem. A melhoria contínua dos smartphones é um exemplo desse grau de inovação. Cada versão lançada traz pequenas melhorias, que podem ser um desempenho melhor, uma bateria que dura mais ou uma câmera mais potente.

---

[20] PIAZZA, L. Tipos de inovação: entenda de vez quais são todos eles! **49 Educação**, 2021. Disponível em: https://49educacao.com.br/inovacao/tipos-de-inovacao/. Acesso em: 20 ago. 2024.

- **Arquitetônica:** utilização de tecnologias que já existem aplicadas em novos mercados. Em 2023, por exemplo, a Amazon anunciou a criação do One Medical, um plano de saúde oferecido por 9 dólares ao mês aos clientes Amazon Prime.[21] Ela inova, pois usa a mesma base de clientes, mesma tecnologia, porém, entrando em um novo mercado.

- **Disruptiva:** quando algo, tecnologia, produto ou serviço, é usado para mudar completamente os rumos de um mercado já existente. É uma das mais comentadas quando se fala de Inovação. A Netflix é um ótimo exemplo de Inovação disruptiva, pois mudou o modo como consumimos filmes e séries que até então era preciso ir até uma loja alugar DVDs para assistir em casa.

- **Radical:** tecnologia nova sendo usada em um mercado novo, envolvendo produtos e serviços de alto avanço tecnológico. Um exemplo é o surgimento de carros autônomos, que dirigem sozinhos, e que está criando um novo mercado na área de mobilidade.

---

[21] COSTA, O. Amazon – O SUS americano. **Exame**, 18 dez. 2023. Disponível em: https://exame.com/bussola/amazon-o-sus-americano/. Acesso em: 26 ago. 2024.

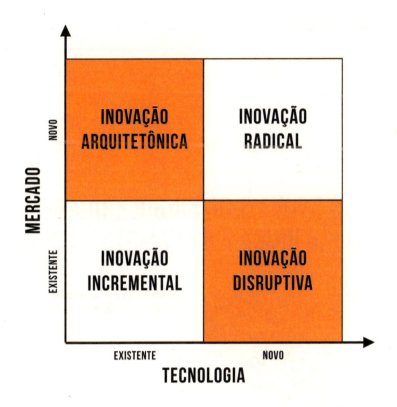

AGORA RESPONDA:
QUAL É O GRAU DE INOVAÇÃO QUE VOCÊ ENCONTRA NAS SUAS INICIATIVAS?

....
....
....

5. EXTENSÃO

A extensão da Inovação é medida de acordo com a singularidade da estratégia empresarial adotada pela empresa, conforme análise feita por Jeroen Kraaijenbrink, no livro *The Strategic Handbook*.[22] Falarei mais do assunto ao fim deste capítulo, no momento, é importante saber que existem cinco níveis de singularidade.

OS 5 NÍVEIS DA SINGULARIDADE: O QUÃO ÚNICA É A SUA ESTRATÉGIA?

NÍVEL 05 – Única para o MUNDO
Representa o auge da diferenciação, onde uma empresa se torna líder em seu campo, definindo padrões para outras empresas globalmente.

NÍVEL 04 – Única para a INDÚSTRIA
Estratégias que distinguem uma empresa em sua indústria. Essas empresas influenciam o mercado e estabelecem padrões para os concorrentes.

NÍVEL 03 – Única para o MERCADO
Estratégias focadas em segmentos específicos de mercado desenvolvendo produtos ou serviços que atendam de forma distinta às necessidades de um nicho em particular.

NÍVEL 02 – Única para REGIÃO
Estratégias que se destacam em uma área geográfica específica, capturando parcela significativa do mercado local ao oferecer algo único na região.

NÍVEL 01 – Única para a ORGANIZAÇÃO
Mudanças internas para a organização que aumentam a eficiência e fortalecem a cultura corporativa, criando uma base para futura inovação e vantagem competitiva.

Fonte: Jeroen Kraaijenbrink

---

[22] KRAAIJENBRINK, J. **The strategy handbook:** the secret sauce to daily business success. Austrália: Leader Press, 2022.

Compreendendo os cinco níveis de singularidade

A singularidade de uma estratégia empresarial pode ser entendida como a capacidade da empresa de se diferenciar de seus concorrentes de maneira reconhecível e valorizada por seus clientes. Para ajudar as empresas a navegar por esse complexo terreno, os cinco níveis de singularidade propõem uma graduação do que significa ser único no ambiente empresarial.

- **Nível 1 (singularidade organizacional):** mudanças internamente significativas para uma empresa e que a princípio não oferecem vantagem competitiva no mercado. Essas mudanças podem aumentar a eficiência operacional e fortalecer a cultura corporativa, mas são invisíveis para os clientes externos e, portanto, não alteram a percepção da marca ou dos produtos em um primeiro momento. No entanto, em um segundo momento, podem criar grande vantagem competitiva, pois têm capacidade de se tornar a base para uma nova cultura de Inovação. Embora este nível de singularidade seja crucial para a saúde interna da organização, ele serve sobretudo como pilar para futuras inovações com potencial de impactar diretamente o mercado, ou seja, é o passo inicial, e não deve ser o foco central.

- **Nível 2 (singularidade regional):** estratégias que se destacam dentro de uma área geográfica específica. Essa abordagem permite que negócios capturem uma parcela significativa do mercado local ao oferecer algo que não pode ser encontrado facilmente na região. Isso não apenas gera curiosidade e atrai visitantes, mas também fortalece a identidade da marca dentro do contexto regional onde atua. Empresas de outras regiões podem fazer exatamente o mesmo que você, mas isso não importa, pois o foco de cada um está em determinada região. No entanto, a partir do momento que seu concorrente passar para o próximo nível de singularidade, sua presença local sofrerá riscos. Caso a singularidade regional seja seu foco, fique atento à concorrência.

- **Nível 3 (singularidade de mercado):** estratégias que se concentram em segmentos específicos, desenvolvendo produtos ou serviços que atendem de maneira distinta às necessidades de determinado nicho. Essa abordagem permite que as empresas se posicionem como especialistas no segmento, criando uma conexão forte e direta com o público-alvo. É o chamado nicho do nicho. Ao dedicar-se a um mercado específico, a empresa pode inovar com maior precisão e eficácia, adaptando ofertas para atender às expectativas e preferências desse grupo. Isso não só melhora a satisfação do cliente, mas reforça a lealdade e reduz a concorrência direta, destacando a empresa no nicho escolhido.

- **Nível 4 (singularidade industrial):** estratégias que distinguem uma empresa das demais em toda a sua indústria. Essa abordagem é caracterizada pelo desenvolvimento de soluções ou práticas que não apenas se destacam, mas definem novos padrões e direções para o setor como um todo. Empresas que alcançam esse nível de singularidade conseguem influenciar as tendências de mercado e, muitas vezes, estabelecem a barra de qualidade ou Inovação para seus concorrentes. Concentrando-se em inovações reconhecíveis em escala industrial, as empresas podem gerar impacto substancial e duradouro. Isso não apenas melhora a percepção da marca, mas também reforça sua posição de mercado, oferecendo vantagens competitivas sustentáveis difíceis de replicar. Essa estratégia é crucial para empresas que aspiram liderar e moldar o futuro de suas respectivas indústrias.

- **Nível 5 (singularidade global):** é o auge da diferenciação, quando uma empresa oferece valor inigualável globalmente. Alcançar esse nível significa que a empresa desenvolveu produtos, serviços ou práticas que não somente se destacam, mas também são reconhecidos como únicos em todo o mundo. Esse grau de Inovação estabelece a empresa como líder claro em seu campo, frequentemente definindo os padrões pelos quais outras empresas internacionais serão medidas. Tal posição oferece uma vantagem competitiva substancial, pois a singularidade em nível global é excepcionalmente desafiadora de ser replicada, proporcionando um forte isolamento contra a concorrência internacional.

Leve em consideração os cinco níveis de singularidade para criar valor que não seja apenas percebido, mas também sustentável a longo prazo. Alinhar seu nível de singularidade à visão, à missão e aos objetivos estratégicos de sua empresa fortalece sua posição no mercado e aumenta a capacidade de adaptação às mudanças nas preferências dos consumidores.

AGORA RESPONDA:
QUAL É O NÍVEL DE SINGULARIDADE DA SUA ORGANIZAÇÃO?
A SUA ESTRATÉGIA EMPRESARIAL É REALMENTE ÚNICA?
E QUAL DEVERIA SER O NÍVEL IDEAL?

....

....

....

Entender cada um dos níveis ajuda empreendedores e gestores a dimensionar o quão únicas são as suas estratégias e até que ponto um método pode ser único para promover a criação de valor. Lembre-se: devemos inovar continuamente.

A partir de agora, quero que você esqueça os medos e os mitos que envolvem a Inovação e parta para mais uma etapa: introduzir na prática a cultura da Inovação no seu cotidiano e no da sua empresa.

Bem-vindo à Mandala da Inovação!

Todo desafio é uma oportunidade disfarçada. Encará-lo com Inovação é o que separa os bons dos excepcionais.

@fernando.seabra

Capítulo 4

A MANDALA DA INOVAÇÃO

Cada desafio é uma
tela em branco esperando pela
pincelada única da Inovação.
Fernando Seabra

Inovar é sempre um desafio, mas também é uma oportuni-dade de fazer algo diferente. E agora chegou o momento de você começar a desenhar na sua tela em branco. Nos primeiros capítulos, expliquei o que é Inovação, mostrei por que é desafiante inovar, e exemplifiquei que quem não inova morre. Também apresentei as dimensões da Inovação, o que nos possibilita ver possibilidades de inovar antes não imaginadas.

Assim, você chega a este ponto do livro já cheio de conceitos importantes e com a mente mais aberta do que quando começou a leitura. E se em algum momento achou que inovar era somente uma ação isolada, só possível com muita tecnologia e capital, provei que não era o caso. Prometi que este seria um livro prático e, a partir de agora, vou mostrar como você pode empregar todos esses conceitos teóricos no seu cotidiano e no da sua empresa. E sabe como isso vai ser possível? Por meio da Mandala da Inovação, um conjunto de metodologias ágeis que traça um caminho de desenvolvimento de uma mentalidade inovadora e novas possibilidades dentro do seu próprio negócio.

É a Mandala da Inovação que vai ajudar você a criar o MOAT da sua empresa, aquele fosso invisível, mas forte o suficiente para que seu cliente permaneça com você, mesmo com todo o ataque da concorrência. Mas, antes de chegar à Mandala, preciso explicar o que são metodologias ágeis.

Metodologias ágeis

São uma abordagem de gerenciamento muito útil que busca otimizar processos, fazendo ajustes e melhorias contínuas durante o desenvolvimento de projetos. Possibilitam a rápida identificação e correção de problemas, assegurando resultados mais eficientes. Essas abordagens modernas oferecem aos agentes uma maneira eficaz de enfrentar os desafios do mercado.[23]

UM CÍRCULO FECHADO

Em sânscrito, mandala significa círculo. Assim como uma aliança de casamento ou um anel, que é um círculo sem fim, A Mandala da Inovação segue na mesma linha, pois as metodologias se complementam. O diferencial é que, apesar de ser um circuito contínuo, depois que faz a primeira volta inteira, você decide quando e o que quer repetir dessa metodologia, pois ela pode ser replicada sempre que você achar necessário.

Manter a continuidade dentro da Mandala é importante, porque é dessa maneira também que acontece a formação do nosso saber. Segundo Jerome Seymour Bruner, psicólogo estadunidense que liderou a Revolução Cognitiva nos anos 1960, nós aprendemos por meio das experiências ativas, participando do processo o tempo todo. Por isso, o saber não é somente um resultado ou um produto, mas um processo.[24] E é dessa maneira também que você precisa olhar para a Inovação: como um processo e não um produto.

---

[23] LOSNAK, G. Metodologia Ágil: o que é? **Alura**, 4 mar. 2023. Disponível em: https://www.alura.com.br/artigos/o-que-e-metodologia-agil. Acesso em: 10 ago. 2024.

[24] BRUNER, J. *et al*. **O livro da psicologia**. Rio de Janeiro: Globo Livros, 2012.

Para ajudar na construção do seu saber, **A Mandala da Inovação** é composta por doze metodologias ágeis divididas em seis elos, como apresento a seguir:

PASSO 1 - BUSCA
- Teoria do Encontro
- Funil da Realização

PASSO 2 - CONEXÕES
- Canvas dos 3 I's
- Meetup Canvas

PASSO 3 - VISÃO
- Missão, Visão e Valores
- As 7 Fontes da Inovação by Peter Drucker
- Golden Circle da Inovação

PASSO 4 - DESENVOLVIMENTO
- Canvas AVI
- Expo SWOT Canvas
- Six Thinking Hats by Edward de Bono

PASSO 5 - PITCH
- Pitch Canvas

PASSO 6 - ENCONTRO
- Mapa do Ecossistema 1 de 2
- Mapa do Ecossistema 2 de 2

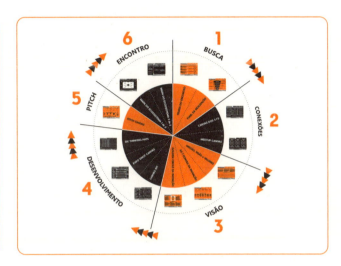

ELO 1:

Busca. Este elo é o encontro com a sua verdade e o alinhamento do que você faz com suas habilidades naturais. Ninguém dá certo como profissional, seja qual for a carreira que escolher, sem ter vivido um encontro consigo mesmo. Esse é um processo de autodescontrução e da sua jornada de descoberta. Metodologias: *Teoria do Encontro e Funil da Realização*.

ELO 2:

Conexões. Uma vez que encontramos a nossa verdade e o porquê de estarmos neste mundo, entendemos também que não estamos sós. Este elo vai mostrar a você que o mundo é feito de conexões, e é preciso apurar a sensibilidade de se aproximar das pessoas certas e se conectar com elas de forma verdadeira e genuína. Metodologias: *Canvas dos 3 I's e Meetup Canvas*.

ELO 3:

Visão. Neste elo, você vai determinar o direcionamento estratégico do seu negócio, entender novas fontes de Inovação e criar e implementar uma cultura de Inovação para que possa atingir seus objetivos. Metodologias: *Missão, Visão e Valores, 7 fontes da Inovação e Golden Circle da Inovação*.

ELO 4:

Desenvolvimento. É neste elo que você vai determinar a proposta de valor ideal do seu negócio, alinhando o que você oferece aos interesses do seu cliente. Também vai analisar o melhor modo de utilizar as tecnologias exponenciais a seu favor e aprender um método de pensamento crítico e estruturado para validar a proposta desenvolvida. Metodologias: *Canvas AVI, Expo SWOT Canvas e Six Thinking Hats*.

ELO 5:

Pitch. Este elo ajuda a estruturar seu pitch, tornando-o efetivo para apresentar seu produto e mostrar sua proposta de valor a fim de chamar a atenção de investidores, parceiros estratégicos e clientes. Metodologia: *Pitch Canvas*.

> **ELO 6:**
>
> **Encontro**. Neste elo, você vai aprender a ver, entender e interagir com o ecossistema no qual está inserido. Metodologia: *Mapa do Ecossistema*.

Veja que cada um dos elos tem objetivos próprios que conduzem você a uma jornada de autoconhecimento e empreendedorismo. Isso acontece porque a caminhada começa pela pessoa física descobrindo a sua verdade e passando elo a elo até chegar à sua ideia implementada no ecossistema a qual está inserida.

Em uma das mentorias que realizei, minha mentorada Nathalia Favaro, cofundadora da empresa Guinzo Soluções em Sistemas de Gestão ERP, de Jundiaí (SP), ainda não tinha essa visão e foi isso que a surpreendeu. Em um encontro, ela me disse: "Para mim, o aprendizado foi além do profissional, porque fiz por mim, pela Nathalia. A partir daí e colocando as metodologias em prática, sei que vou conseguir inovar e atingir meus objetivos".[25]

Após o aprendizado proporcionado pela Mandala da Inovação, você vai conseguir montar o seu projeto, assim como criar e implementar uma cultura de Inovação na sua organização. É importante que vá fazendo as atividades propostas ao longo de cada capítulo. Lembre-se da teoria de Jerome Bruner: nós aprendemos na prática. Portanto, se ainda não baixou o material de apoio, sugiro que faça isso agora, acessando o QR Code da Caixa de Ferramentas.

E não se esqueça: nas próximas páginas, eu vou conduzir o seu conhecimento, mas você é o responsável pelo seu aprendizado. Vamos seguir em frente que está na hora de começar a viver a Inovação.

---

[25] Nathalia Favaro em entrevista concedida ao autor em outubro de 2023.

Capítulo 5
ELO 1: BUSCA

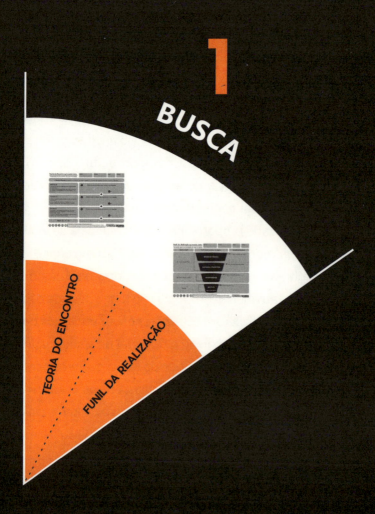

Se sermos nós mesmos não basta, estamos no lugar errado, falando para as pessoas erradas.
Fernando Seabra

"Conhece-te a ti mesmo." A frase atribuída a Sócrates,** ainda na Antiguidade, se faz mais atual do que nunca. Já naquela época ele mostrava interesse na nossa relação com os outros e com o mundo, enquanto os filósofos que o precederam tinham o foco em encontrar o fundamento de todas as coisas.[26]

Quem conhece a si mesmo sabe os próprios desejos, defeitos, pontos fortes, propósito e está mais bem-preparado para se relacionar consigo mesmo e com as pessoas ao redor – o que, em alguns momentos, pode ser bem difícil. Além disso, como empreendedor, você precisa exercer liderança dentro do seu negócio. A jornada de autoconhecimento é um portal para entender o impacto das suas atitudes dentro do ecossistema de que participa.

O *Elo 1: Busca* da Mandala da Inovação aborda justamente esse mergulho para dentro de si mesmo. Muitas pessoas acreditam que se conhecem, mas na verdade só estão replicando modelos da sociedade em que vivem. Para começar, quero propor que você responda ao questionário a seguir. Tente ser o mais sincero que puder.

---

[26] SILVA, J. Conhece-te a ti mesmo – Sócrates e a nossa relação com o mundo. **UOL**. Disponível em: https://educacao.uol.com.br/disciplinas/filosofia/conhece-te-a-ti-mesmo-socrates-e-a-nossa-relacao-com-o-mundo.htm. Acesso em: 15 jul. 2024.

AUTOCONHECIMENTO DO LÍDER

1. **Quais são as três principais qualidades que você acredita possuir como líder?**

....

....

2. **O que você gostaria de melhorar na sua liderança?**

....

....

3. **Quais são os valores fundamentais que orientam suas decisões e ações como líder?**

....

....

4. **Como acha que os membros da sua equipe descreveriam você?**

....

....

5. **Quais são suas metas para melhorar sua liderança nos próximos três meses?**

....

....

6. **Como você busca equilibrar sua vida pessoal e profissional enquanto lidera?**

....

....

7. Como você lida com as situações de conflito ou tensão dentro do seu time?

....

....

8. Como você encoraja o desenvolvimento e crescimento dos membros da sua equipe?

....

....

Como você se saiu? Conseguiu responder a todas as questões? Não se preocupe se sentiu dificuldade em alguma delas ou se não teve a mínima ideia do que responder. Encarar algumas questões é difícil quando não temos pleno conhecimento de quem somos ou o que buscamos.

Por isso, o *Elo 1: Busca* se propõe a ajudá-lo a refletir sobre quem você é e sobre como você se vê diante das pessoas e diante de você mesmo. E não adianta querer empreender sem antes encontrar a sua verdade. Nunca se esqueça: antes de existir uma pessoa jurídica, existe uma pessoa física.

Quando aplico essas questões nas minhas mentorias, algumas pessoas ficam chocadas. E eu preciso ser sincero e dizer que isso também pode acontecer com você. Por mais duro que seja, não pule esta etapa, pois um dia vai ter que passar por isso. Eu estou lhe dando a oportunidade de fazer esse exercício e encontrar dentro de si mesmo coisas que ainda desconhece ou que você mesmo possa ter escondido.

O *Elo 1: Busca* é dividido em duas metodologias. A primeira é a *Teoria do encontro* e a segunda é o *Funil da realização*. Pronto para começar?

TEORIA DO ENCONTRO
Template do Encontro da sua Verdade

A proposta do canvas *Teoria do Encontro* é ajudar a descobrir quem você é, ou seja, a descobrir a sua verdade. Ela é composta pelo trinômio Essência, Vocação e Day One. Uma vez descobertos esses três elementos, podemos saber a nossa "Fórmula do Encontro":

Essência

A Essência é o primeiro pilar do trinômio, e é aquilo que você é de maneira intrínseca, aquilo que já nasce dentro de você e que não tem como mudar. É o autoconhecimento mais profundo. Lembro-me de quando eu era criança e ouvi a fábula do escorpião e do sapo. Não sei se você a conhece, mas ela é perfeita para explicar o que é a essência.

Um escorpião pediu a um sapo que o levasse até o outro lado do rio, pois, sozinho, se afogaria. O sapo, com medo de ser picado pelo escorpião, questionou se não correria perigo. O animal argumentou que, se picasse o sapo, os dois afundariam e morreriam. Então, não havia motivo para o sapo se preocupar. Mas, no meio do caminho, o escorpião ferroou o sapo, condenando ambos à morte. Essa é a essência do escorpião, algo contra o que ele não consegue lutar, mesmo que lhe custe a vida.

Vocação

O segundo pilar da *Teoria do Encontro* é a Vocação. A vocação é uma palavra derivada do latim *chamare*, que significa "chamamento". É uma inclinação, uma tendência, o reconhecimento das suas habilidades e paixões que, na maior parte das vezes, é determinante para escolher sua profissão. Uma pessoa que reconhece que tem o dom de lidar bem com números, por exemplo, tem a tendência de direcionar a sua carreira para a área financeira. Outro com vocação para as atividades artísticas pode trabalhar com artes plásticas, curadorias de exposições e assim por diante.

Existe uma frase que diz: "Há quem passe por um bosque e só veja lenha para a sua fogueira". Com isso em mente, eu pergunto a você: o que você está vendo na floresta da sua vida? Está prestando atenção aos chamados que a vida faz?

Day One

O terceiro pilar, que chamo de Day One, envolve a descoberta do propósito que o move, a combinação entre suas habilidades e a razão pela qual você está neste mundo. É o momento em que nos conscientizamos e nos inspiramos, quando a famosa "virada de chave" acontece. É quando percebemos a razão da nossa existência, qual é a nossa missão e nosso legado.

Quando pequeno, por volta dos 10 anos, eu acompanhava minha mãe ao supermercado e, enquanto pesquisava as prateleiras de produtos de higiene e beleza, não encontrei os produtos da empresa do meu pai e me dei conta do quanto eu era diferente de outras crianças com quem convivia na escola. Enquanto elas brincavam com seus brinquedos reais, minha diversão era brincar com frascos de shampoos usados que meu pai trazia para casa a fim de testar suas criações. Com os frascos, eu e meu irmão caçula fazíamos carrinhos imaginários e patinhos de borracha.

Também usava o rótulo de fita-crepe dos frascos colado no rosto, me fazendo passar por indígena brincando de carrinho.

Ali, percebi que o que levaria a empresa do meu pai ao sucesso seriam as relações conquistadas com o cuidar e olhar ao outro. E em uma fração de segundo, entendi o que era o varejo e o modelo de vendas direta. Naquele exato momento, vivi meu Day One ao descobrir o Poder dos Relacionamentos, e me guio por ele desde então. A empresa fundada por meu pai, poucos meses após o meu nascimento, é a Natura, gigante global que provavelmente você conhece e que molda os valores com os quais eu cresci e aprendi a me relacionar com o mundo.

No mundo dos negócios, estabelecer bons relacionamentos é vital para o sucesso. No universo empreendedor, são as conexões que ajudam você a ganhar espaço, não as competições. Para alcançar um patamar de inteligência em negócios, é preciso focar as pessoas, as suas relações e como se comunicam. Afinal, as empresas e organizações que promovem inovações são formadas por pessoas e pelo relacionamento desenvolvido entre elas.

Dessa maneira, a minha Fórmula do Encontro é a seguinte:

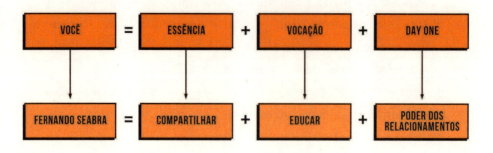

A *Teoria do Encontro* deve ser colocada em prática ao longo da vida e carreira do indivíduo. Isso inclui momentos de introspecção, quando se busca compreender a própria essência; identificar e perseguir uma vocação ou carreira alinhada com essa essência; e reconhecer e se inspirar no Day One, que é o momento decisivo de autoconsciência e propósito.

Você pode repetir a *Teoria do Encontro* sempre que quiser se reconectar consigo mesmo ou quando precisar de um novo direcionamento profissional. Como expliquei, depois que você completar a Mandala da Inovação, pode repetir cada uma das metodologias sempre que achar necessário.

Teoria do Encontro by Fernando Seabra

Template do Encontro da sua Verdade

Nome: **Projeto:** **Data:** **Versão:**

A **Teoria do Encontro** irá ajudá-lo a encontrar sua própria verdade. É composta pelo trinômio: Essência, Vocação e Day One.

ESSÊNCIA (E)

A Essência de todos nós, aquilo que somos intrinsecamente, de maneira inata.

No universo do empreendedorismo, essa essência pode ser, por exemplo, o compartilhamento de conhecimentos e de experiências.

E — Preencha aqui os atributos que formam a sua Essência:

$$E =$$ _____

$$+$$

VOCAÇÃO (V)

A palavra Vocação é derivada do latim *chamare*, que significa "chamamento".

É uma inclinação, uma tendência ou habilidade que leva o indivíduo a exercer uma determinada carreira ou profissão.

V — Preencha aqui os atributos que caracterizam a sua Vocação:

$$V =$$ _____

$$+$$

DAY ONE (D)

O Day One é a descoberta do propósito que nos move, a combinação entre nossas habilidades e a razão pela qual estamos nesse mundo.

É a famosa "virada de chave": percebemos a razão da nossa existência, qual é a nossa missão e legado.

D — Preencha aqui as experiências que retratam o seu Day One:

$$D =$$ _____

$$=$$

_____ + _____ + _____

Você = E + V + D

80 A MANDALA DA INOVAÇÃO

Para iniciar, preencha o quadrante E com os atributos que formam a sua Essência, o quadrante V com aqueles que caracterizam a sua Vocação e o D com os que retratam o seu Day One.

 Ao final de cada quadrante, ao lado do símbolo =, escreva a palavra que você acredita resumir todos os atributos elencados.

 Após a descoberta da sua Essência, Vocação e Day One, complete a sua Fórmula do Encontro.

Estudo de caso

José Miranda é um empresário e consultor de empresas que participou de uma das minhas mentorias. Com grande experiência no mercado de venda de pneus – sua empresa, a Pneuforte, é a maior no segmento para carros e caminhões na região Norte do país –, José ainda não tinha entrado, de vez, no segmento de pneus para motos. Por causa de uma experiência negativa no passado, a empresa não aproveitava a energia e a sua própria expertise em vendas de pneus para se direcionar para esse novo segmento.

De olho no mercado, a Pneuforte resolveu analisar as informações disponíveis sobre motos e identificou que é um mercado tão relevante e rentável quanto os demais em que já atuava, possibilitando dobrar o faturamento. Diante disso, decidiu incluir no seu portfólio a venda de pneus para motos. A empresa confiou que, como já dominava o segmento de carros e caminhões, poderia participar de um mercado similar, pois já entendia suas particularidades e peculiaridades.

No preenchimento do canvas *Teoria do Encontro*, José Miranda encontrou no seu Eu características que fazem dele uma pessoa apta para lidar com as mudanças no mercado, fazer negociações e liderar equipes que se engajem em novos projetos. Veja:

ELO 1: BUSCA **81**

Teoria do Encontro by Fernando Seabra
Template do Encontro da sua Verdade

Nome:	Projeto:	Data:	Versão:
José Miranda de Araujo Neto		11/05/24	

A **Teoria do Encontro** irá ajudá-lo a encontrar sua própria verdade. É composta pelo trinômio: Essência, Vocação e Day One.

ESSÊNCIA (E)

A Essência de todos nós, aquilo que somos intrinsecamente, de maneira inata.

No universo do empreendedorismo, essa essência pode ser, por exemplo, o compartilhamento de conhecimentos e de experiências.

E — Preencha aqui os atributos que formam a sua Essência:
- Integridade
- Lealdade
- Honestidade
- Observador

 E = Capacidade de negociação

VOCAÇÃO (V)

A palavra Vocação é derivada do latim *chamare*, que significa "chamamento".

É uma inclinação, uma tendência ou habilidade que leva o indivíduo a exercer uma determinada carreira ou profissão.

V — Preencha aqui os atributos que caracterizam a sua Vocação:
- Determinação
- Resiliência
- Foco

 V = Capacidade de realização

DAY ONE (D)

O Day One é a descoberta do propósito que nos move, a combinação entre nossas habilidades e a razão pela qual estamos nesse mundo.

É a famosa "virada de chave", percebemos a razão da nossa existência, qual é a nossa missão e legado.

D — Preencha aqui as experiências que retratam o seu Day One:

Quando descobri que precisava envolver as pessoas em um propósito comum, onde a remuneração passava a ser consequência e o objetivo principal era um projeto, onde todos poderiam sair vencedores.

 D = Capacidade de influenciar pessoas e equipes positivamente

Você = E + V + D

Miranda = Negociação + Realização + Influência

82 A MANDALA DA INOVAÇÃO

O canvas do José Miranda é um exemplo, e deve servir apenas para facilitar o preenchimento do seu. Uma dica: antes de preencher, reflita, faça uma retrospectiva da sua vida, pense nos seus hábitos desde a infância até a fase adulta e, mais importante, seja sincero. Suas experiências e habilidades esquecidas em algum período da sua vida podem ser o seu diferencial.

FUNIL DA REALIZAÇÃO
Template para monetização do que se gosta

> *Devemos ser bons no que somos medianos e sermos espetacularmente excelentes no que somos bons.*
> **Fernando Seabra**

Essa frase representa bem o canvas Funil da Realização, um modelo estruturado em forma de funil que ajudará você a transformar interesses pessoais em oportunidades de negócio viáveis. Ele é dividido em três colunas principais: Quem eu sou?; Transformando interesses em negócios e Jornada da descoberta.

A lógica do afunilamento permite que você vá filtrando as opções até chegar a um conceito de negócio que una a sua paixão pessoal, habilidades, oportunidade do mercado e necessidades dos clientes. Por isso, o Funil da Realização é uma metodologia muito prática que você pode utilizar em vários momentos da sua jornada empreendedora.

Por exemplo, quando for buscar uma mudança de carreira, iniciar um novo negócio, em processos de *brainstorming* e até mesmo quando precisar reavaliar o propósito de um negócio que já existe. Às vezes ficamos tão focados no operacional, tão preocupados em fazer a empresa acontecer, que nos desconectamos de nós mesmos e esse pode se tornar um obstáculo para o crescimento.

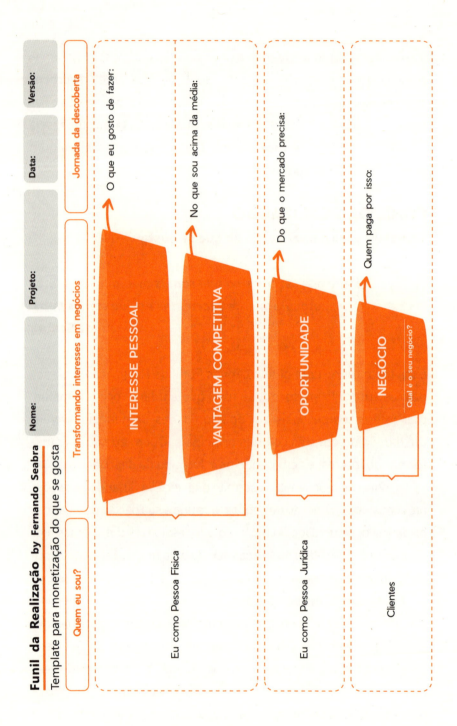

PASSO 01

Preencha o canvas de cima para baixo, inicialmente pensando em você como pessoa física, elencando seus interesses pessoais. Coloque nesse espaço o que gosta de fazer.

Ele funciona como um brainstorming, quanto mais interesses escrever, mais chances você terá de atingir o objetivo do exercício, preencher a boca do funil.

Coloque logo abaixo, os interesses em que você é acima da média e que podem lhe atribuir vantagem competitiva no seu negócio.

PASSO 02

PASSO 03

A seguir, o escopo é converter as suas vantagens competitivas em oportunidades. Pensando em seu negócio e de acordo com o que já elencou, escreva do que você acha que o mercado precisa. Neste momento, você tem a chance de transformar a sua pessoa física em pessoa jurídica.

A última parte do *Funil da Realização* tem como objetivo atender o cliente final, elencando entre as oportunidades aquela(s) pela(s) qual(is) você acha que alguém pagaria. Após sua escolha, reflita e responda: "Qual é o seu negócio?".

PASSO 04

Dessa maneira, o canvas *Funil da Realização* vai ajudá-lo a trilhar o caminho para que você descubra entre seus interesses pessoais os que podem um dia vir a se tornar um negócio. Pode acontecer de você começar a fazer o funil e não conseguir terminá-lo. No caso de encontrar o interesse pessoal e a vantagem competitiva, mas não conseguir transformar o interesse em negócio, sugiro que recomece o funil e afine as informações e ideias.

ELO 1: BUSCA **85**

Estudo de caso

João Paulo Freitas tem o projeto de criar uma plataforma de intermediação para conexões e negócios. Sua ideia é que ela se transforme em um ecossistema para trazer vários benefícios para os clientes, parceiros de negócios e investidores. O *Funil da Realização* confirmou o quanto o negócio está alinhado com o seu interesse pessoal e as suas habilidades, além de mostrar que existe um público interessado em pagar por ele.

Se ainda não fez os exercícios, sugiro que os faça antes de passar para o próximo capítulo. Este é um processo de transformação, e você é o agente principal desta jornada. **É você quem decide se será vítima ou protagonista desta transformação.**

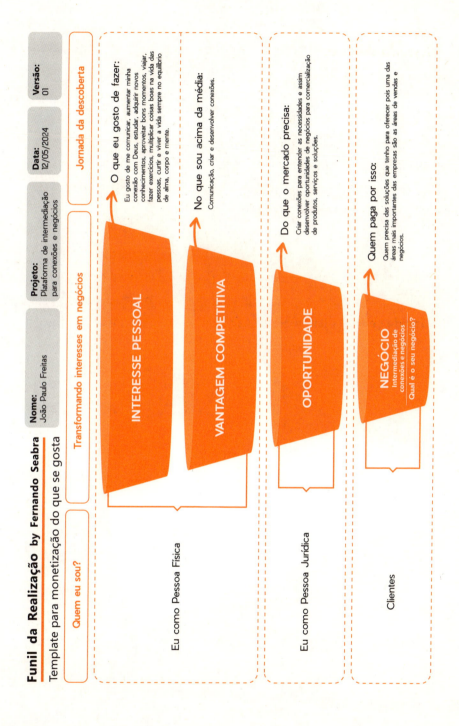

ELO 1: BUSCA 87

Capítulo 6
ELO 2: CONEXÕES

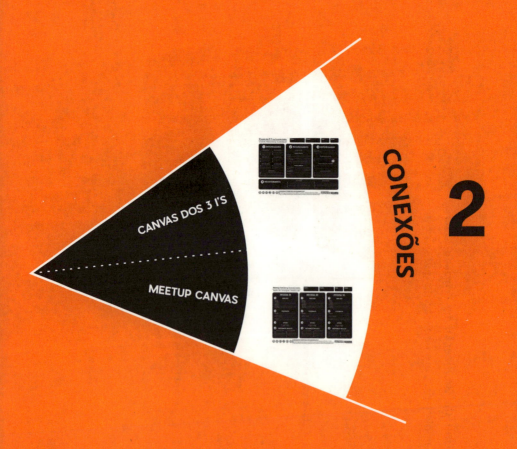

Sem as pessoas certas,
você vai continuar sendo somente
uma pessoa brilhante.
Fernando Seabra

Somos seres sociáveis, não há como negar. Desde os primórdios da humanidade, nos apegamos uns aos outros. Primeiro como meio de sobrevivência – quanto mais pessoas juntas, mais fácil seria combater os predadores ou arranjar comida e água –, depois em prol de outros interesses – com a evolução da sociedade continuamos a nos unir. Seja uma relação de amizade, profissional, uma relação amorosa, porque, embora sejamos seres únicos na imensidão de tantos bilhões de pessoas no mundo, ninguém está sozinho.

A conexão é a base para se viver dentro da empresa e sobreviver fora dela. Mas como esses relacionamentos podem ajudar a Inovação a acontecer? A partir do momento em que eles se transformam em conexões de valor, objeto do *Elo 2: Conexões* da Mandala da Inovação.

Quando nos conectamos com os outros, estamos mais abertos ao mundo, propícios a conhecer mais pessoas e, portanto, mais perto de adquirir conhecimentos que podem nos ajudar a inovar. Além disso, esse networking feito da maneira correta pode resultar em uma nova parceria de negócios ou uma solução para resolver uma dor da sua empresa. Isso corrobora a ideia do início deste capítulo de que ninguém vive sozinho. Aprendemos uns com os outros o tempo todo. Quanto mais trocas fizer na sua jornada, mais interessante e completa ela será.

É como se, a partir de você, novas ramificações se abrissem, agregando cada vez mais pessoas. Para você ter uma ideia de como uma rede de contatos pode agregar valor, a fórmula a seguir nos mostra a quantidade de contatos possíveis entre membros de um mesmo grupo, quando todos se relacionam entre si:

Número de conexões = $\frac{(n^2-n)}{2}$, em que *n* é o número de pessoas.

Então, se um grupo é formado por nove indivíduos em que todos se relacionam com todos, isso gera 36 conexões. Veja como:

Número de conexões = $\frac{(n^2-n)}{2}$

Quando n = 9, temos:

Número de conexões = $\frac{(9^2-9)}{2} = \frac{(81-9)}{2} = \frac{(72)}{2} = 36$.

Veja o poder do networking quando todos se relacionam entre si nos grupos em que estão inseridos:[27]

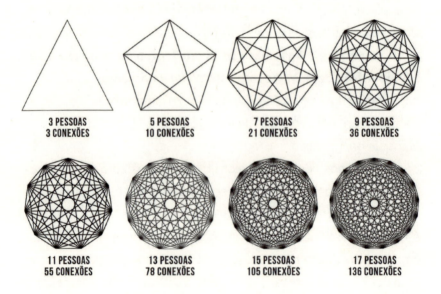

---

[27] CARPENTER, T.; CARPENTER, J. **People first**: the 5 steps to pure human connection and a thriving organization. EUA: Post Hill Press, 2021.

Creio que você deve ter ficado animado com essas ligações entre pessoas *versus* possibilidades de conexões. É mesmo uma fórmula mágica, mas existe um fator que interfere diretamente nele e limita a sua capacidade de fazer o networking: a quantidade de pessoas com que você é capaz de manter conexões de qualidade durante a sua vida.

TEORIA DE DUNBAR

Robin Ian MacDonald Dunbar, antropólogo e psicólogo britânico, especialista em comportamento de primatas, conduziu no final do século XX um estudo interessante. Analisando os primatas não humanos, como os macacos e os gorilas, ele descobriu que o tamanho do neocórtex (região do cérebro responsável pela cognição e linguagem) em relação ao corpo era responsável em limitar o nosso sistema de interação social.

A partir dessa descoberta, Dunbar aplicou o mesmo princípio com seres humanos, examinando dados históricos, antropológicos e psicológicos sobre o tamanho dos grupos sociais e descobriu que, ao longo da vida, somos capazes de manter, no máximo, 150 pessoas de forma significativa ao nosso lado. Nesse grupo estão amigos de verdade, colegas ou apenas conhecidos. Caso nosso grupo exceda esse número, provavelmente não será mantido por muito tempo ou não será tão coeso como os 150 mais significativos. Essa análise ficou conhecida como Teoria de Dunbar.[28]

---

[28] DUNBAR'S number: why we can only maintain 150 relationships. **BBC**, 9 out. 2019. Disponível em: https://www.bbc.com/future/article/20191001-dunbars-number-why-we-can-only-maintain-150-relationships. Acesso em: 1º jul. 2024.

Precisamos ficar atentos, pois o ser humano tem a tendência natural de achar que os 500 conhecidos fazem parte dos 150 conhecidos próximos; que os 150 conhecidos próximos dos 50 amigos, e assim por diante, conforme a figura a seguir:[29]

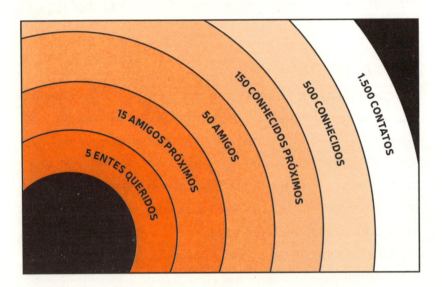

TEORIA DO VIÉS DA AMIZADE

Temos uma tendência natural, chamada Viés da Amizade ou Ilusão de Amizade, que nos leva a superestimar a amizade e a proximidade com os outros. Esse viés cognitivo sugere que as pessoas têm tendência a acreditar que são mais amigas de outras do que elas realmente são. Existem várias razões que podem gerar o Viés da Amizade. São elas:

---

[29] RO, C. Teoria de Dunbar: somos mesmo incapazes de ter mais de 150 amigos? **BBC News**, 24 nov. 2020. Disponível em: https://www.bbc.com/portuguese/revista-52928245. Acesso em: 21 ago. 2024.

- **Viés de confirmação;**
- **Necessidade de pertencimento;**
- **Desejo de reciprocidade;**
- **Ilusão de proximidade;**
- **Falta de comunicação clara.**

Se superestimamos as amizades e a proximidade que temos com os outros, então precisamos de maturidade e, mais uma vez, autoconhecimento para fomentar novas conexões. Por isso, o *Elo 2: Conexões* vem depois do *Elo 1: Busca*, pois nele você já trabalhou o autoconhecimento. Ao preencher os canvas do *Elo 1: Busca*, você passa a conhecer suas habilidades, suas vantagens competitivas, tem ideia do negócio que combina com você e sabe como a sua empresa pode agregar valor à sociedade. Uma vez que eu conheço a minha verdade e esse alicerce está definido, é momento de descobrir como fazer as conexões corretas para viver a Inovação!

Vale ressaltar a importância de dominarmos as metodologias do *Elo 1: Busca* e *Elo 2: Conexões* da Mandala da Inovação para não cairmos na teoria do Viés da Amizade.

CANVAS DOS 3 I'S
Criando Networking Sustentável

Desde os 15 anos, convivo com as pessoas me pedindo algo. Não me lembro de passar mais de duas semanas sem que alguém me pedisse um favor, um emprego, um empréstimo ou um contato.

Essa conduta revela um padrão de comportamento de extrair valor sem gerar valor para o outro. Mas são tantas décadas vivendo essa realidade que aprendi a lidar com isso e ainda adquiri capital intelectual para criar uma metodologia capaz de ensinar aos outros a se relacionar de forma sustentável. Assim criei o *Canvas dos 3 I's*, que enfatiza a importância de estabelecer relações verdadeiras mais profundas e recíprocas, em que a geração de valor acontece para todo mundo. É o que eu chamo de Networking Sustentável.

O que eu passei em grande parte da minha vida foi um networking com base em um sistema tradicional que estabelecia que as relações aconteciam simplesmente por interesse. Contrapondo esse conceito, criei o Networking Sustentável, que muda a lógica do networking tradicional. Para mim, primeiro, precisamos criar relações sólidas de geração de valor para, depois, ocorrer a extração de valor, pois o Networking Sustentável é uma relação baseada em reciprocidade, respeito e interesse genuíno.

A rede de relacionamentos deve ser boa para todo mundo e ter foco na construção de relações de longo prazo, ou seja, o objetivo está na troca, por isso ele é sustentável. Pensando nisso, o *Canvas dos 3 I's* aborda três tipos diferentes de networking. São eles:

- **Interesseiro:** aquele relacionamento tradicional, em que uma pessoa busca se promover e obter algo somente para interesse próprio, sem gerar nenhum valor. Não existe troca.

- **Interessante:** nesse relacionamento, a pessoa busca agregar valor ao outro por meio de seus atributos objetivos e subjetivos. Ela se conecta por pontos em comum com outras pessoas ou por algo que possa agregar e estabelecer uma relação de reciprocidade.

- **Interessado:** relacionamento baseado na escuta ativa. A pessoa se mostra atenta ao que o outro tem a dizer, tem respeito por suas colocações e se mostra interessada de modo verdadeiro pelo que o outro compartilha e se mostra disposta a colaborar.

Esta metodologia serve para promover uma abordagem mais eficiente e genuína de networking. Enquanto muitas abordagens tradicionais de networking são baseadas apenas no benefício próprio, o *Canvas dos 3 I's* enfatiza a importância de criar relações mais profundas e recíprocas, em que ambas as partes agregam valor uma à outra.

O *Canvas dos 3 I's* ajudará você a enxergar como essa abordagem pode ser mais eficiente, profunda e verdadeira. O objetivo é que, a partir de agora, você cultive relacionamentos mais fortes e significativos tanto na esfera profissional como na pessoal, promovendo a Inovação por meio da colaboração e troca de ideias.

Além disso, ao ser incorporada, essa teoria desenvolve Networking Sustentável, potencializando as relações humanas no âmbito pessoal, nos negócios e na Inovação, considerando que Inovações são geradas por pessoas e pelas relações estabelecidas entre elas.

CANVAS DOS 3 I's by Fernando Seabra
Criando Networking Sustentável

Nome: Projeto: Data: Versão:

❶ INTERESSEIRO

Com quem fui   Por qual motivo

Com quem sou   Por qual motivo

Quem foi comigo   Por qual motivo

Aprendizados

❷ INTERESSANTE

O que me faz

Atributos Objetivos
- Leitura
- Curso
- Podcast
- Comunidades
- Outros

Atributos Subjetivos
- Personalidade
- Valores
- Motivações
- Experiências
- Outros

Vida pessoal

❸ INTERESSADO

- Em quem
- Pelo motivo de

Perguntas para se fazer

Conhecimentos para compartilhar

Como posso colaborar

Vida profissional

❹ NECESSIDADES:

PASSO 01

Preencha o quadrante 1, Interesseiro, com as vezes e os motivos pelos quais você foi e ainda é interesseiro, e quem foi com você e o por que. Abaixo, escreva os aprendizados dessa nova percepção.

Atente-se para o fato de que as relações interesseiras sempre vão existir e que não é possível mudar o comportamento e a maneira como os outros se relacionam, mas você pode e deve mudar a maneira como você vive e se conecta com os outros.

PASSO 02

Preencha o quadrante 2, Interessante, com os atributos objetivos e subjetivos que fazem de você alguém atrativo para outras pessoas. Pense nos atributos que o enriquecem como ser humano, que criam um arcabouço que faz as pessoas quererem ouvi-lo e estar perto de você.

Caso não tenha elementos suficientes para colocar neste quadrante, isso é um alerta para que se prepare melhor. Procure adquirir novos atributo que tornem você mais interessante aos olhos dos outros, consequentemente, para você mesmo.

PASSO 03

No quadrante 3, Interessado, preencha o nome da pessoa e motivos pelos quais está interessado em criar networking sustentável. Escreva as perguntas que você pode fazer, conhecimentos que pode compartilhar e a maneira como pode colaborar com a jornada dela.

PASSO 04

Preencha o quadrante 4, Necessidades, com o que você detectou que precisa melhorar na sua vida pessoal e profissional e novos hábitos e comportamentos que podem ser colocados nos seus atributos objetivos e subjetivos.

O *Canvas dos 3 I's* deve ser colocado em prática sempre que se busca desenvolver ou fortalecer relações profissionais e pessoais. Ele é particularmente importante no mundo da Inovação, um meio no qual a colaboração e troca de ideias são essenciais. Ao construir relacionamentos com base em interesse mútuo, conteúdo relevante e escuta ativa, você vai poder promover um ambiente mais propício para a Inovação e desenvolvimento econômico.

Estudo de caso

Proprietária da Batatinhas Treinamentos e Cursos, uma empresa de treinamentos, workshops, palestras, consultorias e mentorias, a Sirley Batatinha pauta o trabalho da sua empresa em ajudar as pessoas a potencializar seus talentos para viverem plenamente seus propósitos na construção de um mundo melhor. Sendo assim, o networking é a base do trabalho que desenvolve com seus clientes. Quanto mais conexões de valor ela estabelecer, melhor será para que ela cresça e ainda possa ajudar cada vez mais clientes. Preenchendo o *Canvas dos 3 I's*, ela conseguiu enxergar como pode aperfeiçoar essas relações na sua vida.

CANVAS DOS 3 I's by Fernando Seabra
Criando Networking Sustentável

Nome: Sirley Batatinha
Projeto:
Data: 30/10/2023
Versão:

1 INTERESSEIRO

Com quem fui
•
•
•

Por qual motivo
• Curiosidade sobre sua atuação
• Conhecer sua metodologia
• Formas de abordar temais

Com quem sou
•
•
•

Por qual motivo
• Sou eu sem reservas
• Me aceitam e incentivam
• Me admira e colabora comigo

Quem foi comigo
•
•
•

Por qual motivo
• Confiam na minha entrega
• Me admira
• Me acham competente

Aprendizados
• Melhorei minhas apresentações
• Aprendi que não é possível agradar a todos
• Que para fazer é preciso paixão e amor

2 INTERESSANTE

O que me faz

Atributos Objetivos
• Leitura O Monge e o Executivo / Capitães da Areia
• Curso Liderança Cívica
• Podcast Quando é possível Fernando Seabra, Bora Fazer
• Comunidades Amigos de Umuarama, conectados Umuarama
• Outros Câmara da Mulher, Conselho da Mulher
•

Atributos Subjetivos
• Personalidade
• Valores Respeito, empatia, amor, liberdade
• Motivações Acreditar no ser humano
• Experiências Liderei o Challenge Day, atuo como diretora na câmara, fui secretária municipal
• Outros

Vida pessoal
• Cuidar da minha saúde física
• Estabelecer meus oásis (meu lugar)
• Proteger minha família
•
•

3 INTERESSADO

• Em quem
• Pelo motivo de Paixão pela inovação de forma simples, acessível; Comunicação assertiva, autenticidade, conhecimento em neurociência e amor pelas pessoas.

Perguntas para se fazer
• Como trazer a inovação para uma empresa de treinamentos?
• Como ser assertiva de forma respeitosa?
•

Conhecimentos para compartilhar
• Meus aprendizados das mentorias para mulheres
• Minhas experiências na organização de eventos
• Como demonstro interesse e cuidado com as pessoas

Como posso colaborar
• Tendo uma escuta ativa
• Sendo curiosa, buscando estudar
• Entregando o meu melhor

Vida profissional
• Usar melhor as redes sociais
• Gerir melhor meu tempo
• Definir leituras, podcast
• Participar de eventos para networking

4 NECESSIDADES:

ELO 2: CONEXÕES **99**

Essa metodologia sempre deve ser aplicada quando você quiser desenvolver novas relações profissionais e pessoais ou ainda fortalecer as conexões já existentes. Ou pode escolher fazê-la por partes também. A cada reunião ou encontro com um parceiro importante, você pode refazer o quadrante 3, Interessado. Assim que agregar novos atributos, atualize o quadrante 2, Interessante. Até mesmo o quadrante 1, Interesseiro, deve ser revisitado de tempos em tempos para que você entenda o seu comportamento e o de outras pessoas.

Lembre-se: você é um ser em constante evolução, passível de falhas e erros, mas com uma capacidade incrível e inigualável de evolução e desenvolvimento pessoal. Essa capacidade é essencial para o sucesso da sua jornada empreendedora.

MEETUP CANVAS
Rede de Sinergias Produtivas

Enquanto o *Canvas dos 3 I's* auxilia a entender como criar Networking Sustentável, o *Meetup Canvas* vai mostrar, na prática, como ele funciona. Nos eventos de Networking Sustentável que eu faço na minha comunidade, o Clube BoraFazer, peço para que as pessoas se apresentem, explicando o que fazem, o que procuram naquele momento e dando outras informações que ajudem os participantes a entender quem são e quais são as conexões possíveis entre eles. Eu sempre repito no início dos meus eventos que: "Se você está aqui para se vender, por favor, saia, porque o objetivo aqui é conhecer os outros e entender como podemos nos ajudar mutuamente a partir de agora".

O *Meetup Canvas* reflete essa dinâmica. Ele oferece uma maneira estruturada para que diferentes membros de uma rede de networking se conheçam e compartilhem informações-chave sobre eles mesmos e suas atividades, resultando em um Networking Sustentável. Essa é uma maneira prática de identificar o que você precisa fazer para fortalecer as conexões, transformando o networking em uma experiência rica, estruturada e produtiva. Além disso, o *Meetup Canvas* facilita a identificação de sinergias potenciais e a formulação de planos de ação concretos para a colaboração futura.

Meetup Canvas by Fernando Seabra
Rede de Sinergias Produtivas

Nome: Projeto: Data: Versão:

PESSOA 01

1 MINIBIO
- Nome
- Contato
- Linkedin
- Instagram
- Atuação
- Descrição

2 FEEDBACK
- Positivo
- Crítica construtiva
- Sugestão

3 APOIO
- Eu posso ajudá-la?
- ( ) SIM ( ) NÃO

4 PRÓXIMOS PASSOS
- Como posso ajudar?
- Quem pode ajudá-la?

PESSOA 02

1 MINIBIO
- Nome
- Contato
- Linkedin
- Instagram
- Atuação
- Descrição

2 FEEDBACK
- Positivo
- Crítica construtiva
- Sugestão

3 APOIO
- Eu posso ajudá-la?
- ( ) SIM ( ) NÃO

4 PRÓXIMOS PASSOS
- Como posso ajudar?
- Quem pode ajudá-la?

PESSOA 03

1 MINIBIO
- Nome
- Contato
- Linkedin
- Instagram
- Atuação
- Descrição

2 FEEDBACK
- Positivo
- Crítica construtiva
- Sugestão

3 APOIO
- Eu posso ajudá-la?
- ( ) SIM ( ) NÃO

4 PRÓXIMOS PASSOS
- Como posso ajudar?
- Quem pode ajudá-la?

PASSO 01

No item 1, Minibio, preencha as informações das pessoas que estejam com você em um evento de networking, ou até mesmo de alguém que já participou da sua rede de relacionamentos e de quem você gostaria de se aproximar mais.

Coloque todos os dados que conseguir, como nome, contato, redes sociais, área de atuação e uma pequena descrição que a identifique.

PASSO 02

Preencha o item 2, Feedback, com o retorno que você daria a essa pessoa, dividido em pontos positivos, críticas construtivas e sugestões em geral.

PASSO 03

Pensando na geração de valor, no item 3, Apoio, responda também se você pode ajudá-la de alguma maneira. Se a resposta for não, o seu Meetup Canvas está completo. Se a resposta for sim, siga para o item seguinte.

PASSO 04

No item 4, Próximos Passos, descreva como você pode ajudar e indique pessoas que você conhece que podem fazer o mesmo.

ELO 2: CONEXÕES **103**

Estudo de caso

A StorLabs é uma empresa que oferece gestão de redes sociais, posicionamento omnichannel e marketing de conteúdo. De acordo com o seu fundador, Gustavo Aron, meu mentorado, a empresa direciona uma equipe para cuidar de cada cliente e, dessa maneira, oferecer um serviço personalizado que inclui artes para mídias sociais, vídeos imersivos e de alto impacto, sites que oferecem uma experiência planejada para o consumo de conteúdo e compras e textos que se conectam com a audiência. Além disso, cria estratégias de tráfego pago para levar tudo isso ao público certo. Gustavo usou o *Meetup Canvas* para visualizar como ele pode aumentar as conexões certas para o crescimento de seu negócio e como ele pode oferecer algo em troca.

Meetup Canvas by Fernando Seabra
Rede de Sinergias Produtivas

Nome: Gustavo Aron StorLabs
Projeto: Fazedores
Data: 12/12/2023
Versão: 01

PESSOA 01

1 MINIBIO
- Nome _____
- Contato _____
- Linkedin _____
- Instagram _____
- Atuação Liderança e de gestão do setor além de vendas
- Descrição Ele coordena uma equipe de vendedores de equipamentos do setor de medicina.

2 FEEDBACK
- Positivo Excelente comunicação, voz muito bonita e conexões interessantes.
- Crítica construtiva Não está muito evidente o que você faz.
- Sugestão Evidenciar melhor o que faz, principalmente as soluções que oferece, com artes, textos e vídeos.

3 APOIO
- Eu posso ajudá-la?
  (✓) SIM ( ) NÃO

4 PRÓXIMOS PASSOS
- Como posso ajudar?
  - Gestão das redes;
  - Edições em geral;
  - Criação de conteúdo;
  - Site e tráfego.
- Quem pode ajudá-la?
  - Conheço alguns editores de vídeos, criadores de site e gente que pode te ajudar.

PESSOA 02

1 MINIBIO
- Nome _____
- Contato _____
- Linkedin _____
- Instagram _____
- Atuação Empresária, palestrante, coach, mãe
- Descrição Atua como palestrante em eventos de liderança e ocupa posições de gestão e treinamento em empresas.

2 FEEDBACK
- Positivo Produz bastante conteúdo e gera muitas provas sociais dos impactos em parceiros e alunos.
- Crítica construtiva Sinto falta de uma identidade visual para distinguir além do rosto, além de mais vídeos.
- Sugestão Criar mais conteúdo que mostre suas soluções, cotidiano, ensinamentos com artes e vídeos otimizados.

3 APOIO
- Eu posso ajudá-la?
  (✓) SIM ( ) NÃO

4 PRÓXIMOS PASSOS
- Como posso ajudar?
  - Gestão das redes;
  - Edições em geral;
  - Criação de conteúdo;
  - Site e tráfego.
- Quem pode ajudá-la?
  - Tenho parceria com algumas moças que fazem esse tipo de serviço, além de sites, vendas e marca.

PESSOA 03

1 MINIBIO
- Nome _____
- Contato _____
- Linkedin _____
- Instagram _____
- Atuação Marketing e planejamento
- Descrição Estratégia de marketing, suporte ao cliente, gestão de programas, atendimento ao cliente.

2 FEEDBACK
- Positivo Facilidade em falar sobre o tema atraindo parcerias.
- Crítica construtiva Poderia fazer mais conteúdo em parceria com outros profissionais do setor.
- Sugestão Investir em branding, otimização das mídias, tráfego e eventos para captação de clientes e parcerias.

3 APOIO
- Eu posso ajudá-la?
  ( ) SIM (✓) NÃO

4 PRÓXIMOS PASSOS
- Como posso ajudar?
  - Por ser uma parte mais nichada um profissional do setor, em parceria com mulheres, faria um trabalho melhor que o meu.
- Quem pode ajudá-la?
  - Tenho parceria com algumas moças que fazem esse tipo de serviço, além de sites, vendas e marca.

ELO 2: CONEXÕES **105**

Sempre aparecerão na sua vida pessoas que merecem uma avaliação aprofundada, é por isso que o *Meetup Canvas* é um processo contínuo. Sabendo disso, refaça os itens sempre que achar necessário. Entenda que essa ferramenta é um modelo mental de como se relacionar. Ela pode ser utilizada em uma roda de conversa, jantar ou em um evento formal de networking.

Como você viu, conexões desempenham um papel importante na busca por soluções inovadoras para o seu negócio. Sempre é possível aprender com o outro, basta ter um olhar treinado. Perder essa oportunidade é deixar para trás um ativo muito forte no seu processo de crescimento profissional e pessoal. Comece já a fortalecer as suas conexões!

Networking Sustentável é uma relação baseada em reciprocidade, respeito e interesse genuíno.

@fernando.seabra

Capítulo 7
ELO 3: VISÃO

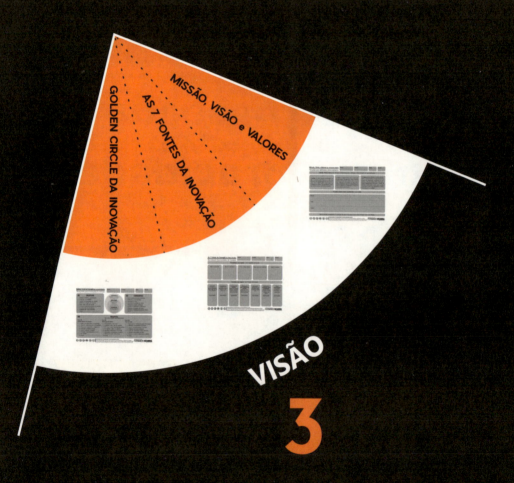

Enquanto os objetivos dão direção, a cultura de Inovação fornece o combustível e a liberdade para explorar novos horizontes. Juntos, eles criam um ecossistema em que a Inovação não é apenas possível, mas inevitável.
Fernando Seabra

Ter a ideia de um negócio, criar uma empresa, definir o produto ou o serviço que será oferecido, conquistar o cliente, obter lucro. Viver uma a uma as etapas dessa jornada desafiadora faz parte da vida do empreendedor, já que não existe desenvolvimento sem conflito. Assim como não existe chegar ao destino pulando essas etapas.

Pense que a sua empresa é um ativo em constante construção que precisa ser olhado de ponta a ponta, sempre em conexão com seu propósito pessoal, porque não há como separar a pessoa física da pessoa jurídica. Um está ligado ao outro. E se no *Elo 1: Busca* você teve a oportunidade de enxergar a si mesmo, no *Elo 2: Conexão*, teve uma noção melhor de como lidar com o outro, agora no *Elo 3: Visão*, seu olhar vai se voltar para a empresa e para a criação de uma cultura organizacional forte para conduzir a jornada rumo à Inovação.

A cultura organizacional é o conjunto de valores, crenças, comportamentos, práticas e normas compartilhadas por membros de uma organização, como a personalidade da sua empresa.

Se refletirmos, você só se torna próximo de uma pessoa e confia nela se a personalidade dela for compatível com a sua. Nas empresas acontece o mesmo.

Colaboradores só estarão com você de verdade se acreditarem na cultura empresarial, pois uma empresa sem cultura é uma entidade sem identidade. E se esse for o caso, sua empresa não refletirá os seus propósitos, não representará os seus valores e muito menos a sua missão. O seu DNA não estará na empresa. A cultura define parâmetros importantes para a sua organização, como a maneira que os colaboradores interagem entre si, se relacionam com os clientes e tomam decisões.

Quem não faz essa lição de olhar para a empresa perde um impulsionador de crescimento do negócio e a chance de implementar a Inovação como processo contínuo. A Pesquisa Global de Cultura Organizacional realizada pela Price Waterhouse Coopers (PwC) em 2021 mostrou que 72% das lideranças acreditam que a cultura faz as mudanças na empresa serem mais bem-sucedidas.[30] Isso acontece porque as pessoas confiam mais na empresa, não têm problemas em aceitar o novo e se mostram empenhadas em conquistar os objetivos da organização.

Os elementos da cultura organizacional são:

---

[30] CULTURA organizacional: é hora de agir. **PWC Brasil**. Disponível em: https://www.pwc.com.br/pt/estudos/servicos/consultoria-negocios/2021/cultura-organizacional-e-hora-de-agir.html. Acesso em: 7 jul. 2024.

- **Valores:** princípios fundamentais que orientam as ações e decisões da empresa.

- **Normas e comportamentos:** expectativas sobre os membros da organização, a maneira como se comunicam, lidam com conflitos e abordam o trabalho em equipe.

- **Crenças compartilhadas:** convicções comuns dos membros da organização sobre o que é certo ou errado.

- **Clima organizacional:** atmosfera no local de trabalho.

- **História e tradições:** experiências passadas e eventos significativos que moldaram a organização.

- **Comunicação interna:** maneira como a informação é compartilhada dentro da organização, feedback e transparência.

Memorize bem esses elementos, pois eles serão importantes nas metodologias do *Elo 3: Visão*: Missão, Visão e Valores, *As 7 Fontes da Inovação by Peter Drucker* e *Golden Circle da Inovação*. Juntas, elas o ajudarão a desenhar a cultura de Inovação da sua empresa e a entender como implementá-las. Lembre-se: nenhuma empresa se torna longeva se não tiver uma cultura organizacional forte.

MISSÃO, VISÃO E VALORES
Template para definição e direcionamento

A metodologia *Missão, Visão e Valores* tem como objetivo levar você a fazer uma reflexão sobre o direcionamento da sua empresa e de como criar a sua cultura organizacional. Para isso, o primeiro passo é elaborar a missão, a visão e os valores da sua empresa.

- **A Missão** é a razão de existir da empresa, ou seja, o propósito para o qual ela foi criada. Ela descreve o que a organização faz, para quem e como faz, e qual impacto busca gerar na sociedade. É uma declaração concisa que orienta as ações e as decisões da empresa.

- **A Visão** é a imagem futura que a organização almeja alcançar. Ela descreve o que a empresa deseja ser no longo prazo e serve de guia para o planejamento estratégico. Ela é inspiradora e desafiadora, deve ser compartilhada por todos os membros da organização e orienta suas metas e seus objetivos.

- **Os Valores** são os princípios e as crenças que norteiam o comportamento e as relações internas e externas da organização, representam a ética e as convicções empresariais. Base para a cultura organizacional, os valores são guias para a tomada de decisões e influenciam o modo como a empresa se relaciona com colaboradores, clientes, fornecedores e comunidade.

Juntos, esses três elementos formam a guia mestra para a sua cultura organizacional e para a visão futura do que você quer ser enquanto empresa. Vou mostrar agora alguns exemplos que servem como inspiração para a criação desses elementos.

EMPRESA	MISSÃO	VISÃO	VALORES
Apple	Projetar os melhores produtos do planeta, criar experiências incríveis e liderar o setor de tecnologia com suas inovações.	Ser uma empresa que revoluciona o mundo por meio da tecnologia.	Inovação, qualidade simplicidade, design, sustentabilidade.
Amazon	Ser a empresa mais centrada no cliente que existe na Terra, na qual clientes possam encontrar e descobrir qualquer coisa que desejem comprar on-line.	Criar uma experiência de compra que seja rápida, fácil e agradável para todos os consumidores do mundo.	Obsessão pelo cliente, inovação, longo prazo, resultados, responsabilidade.
Microsoft	Empoderar todas as pessoas e organizações do planeta a alcançar mais.	Criar tecnologia que transforma o mundo e que seja acessível a todos.	Inovação, confiança, responsabilidade, respeito, transparência.
Coca-Cola	Refrescar o mundo, Inspirar momentos de otimismo e felicidade, criar valor e fazer a diferença.	Ser a marca-líder de bebidas reconhecida mundialmente por sua qualidade e sabor.	Qualidade, responsabilidade, diversidade, inclusão, sustentabilidade.

Repare que a cultura de cada uma dessas empresas está alinhada ao seu objetivo enquanto negócio. A Amazon, por exemplo, tem como meta ajudar o cliente a realizar qualquer compra on-line, portanto sua cultura preza pela variedade de produtos, entrega rápida e atendimento centrado no cliente.

A Coca-Cola, que passou por um processo de renovação deixando de ser somente uma marca de refrigerante para ser uma marca de bebidas, conseguiu fazer essa mudança ao incorporar a visão na sua cultura organizacional. Atualmente, se ela quisesse se tornar conhecida como a maior marca de bebidas saudáveis para melhorar o desempenho de atletas, por exemplo, o seu quadro de missão, visão e valores seria outro. Você já tinha se dado conta disso? O pontapé para descobrir esse direcionamento é responder à pergunta: "Qual é o meu negócio?". Observe a figura a seguir.

Identificar o seu negócio é imprescindível para que você consiga criar sua cultura organizacional e, assim, montar sua missão, sua visão e seus valores. E, ao mesmo tempo, são os elementos da cultura organizacional que caracterizam o seu negócio – sua missão, sua visão e seus valores – e não o deixam esquecer de onde partiu, aonde quer chegar e como pretende fazer isso. Para ver como funciona na prática, observe outra imagem.

Essas são algumas respostas que o CEO de uma indústria farmacêutica poderia dar quando perguntado qual é o seu negócio. A resposta dele poderia ser qualquer uma das apresentadas, e para cada uma delas, a empresa teria missão, visão e valores diferentes.

Nenhuma empresa se torna longeva se não tiver uma cultura organizacional forte.

@fernando.seabra

Missão, Visão e Valores by Fernando Seabra

Template para definição e direcionamento

| Nome: | Projeto: | Data: | Versão: |

Missão, Visão e Valores são elementos fundamentais para a definição e direcionamento de sua organização.

A **missão** é a razão de existir da empresa, ou seja, o propósito pelo qual ela foi criada. Ela descreve o que a organização faz, para quem e como faz, e qual impacto busca gerar na sociedade. A missão é uma declaração concisa que orienta as ações e decisões da empresa.

A **visão** é a imagem futura que a organização almeja alcançar. Ela descreve o que a empresa deseja ser a longo prazo, e serve como um guia para o planejamento estratégico. A visão é inspiradora e desafiadora, deve ser compartilhada por todos os membros da organização e orienta as metas e objetivos da empresa.

Os **valores** são os princípios e crenças que norteiam o comportamento e as relações internas e externas da organização, representam as convicções e ética da empresa. São a base para a cultura organizacional, guias para a tomada de decisões e influenciam a forma como a empresa se relaciona com seus colaboradores, clientes, fornecedores e comunidade.

Preencha a tabela abaixo considerando o seu projeto

Missão:

Visão:

Valores:

"Nossa jornada profissional é a expressão de quem nós somos como seres humanos." Fernando Seabra

PASSO 01 Inicialmente, preencha o exercício a seguir com os elementos da sua cultura organizacional mencionados neste capítulo, que são essenciais para nortear sua missão, visão e valores.

Valores:_____
_____

Normas e comportamentos: _____
_____

Crenças compartilhadas: _____
_____

Clima organizacional:_____
_____

História e tradições:_____
_____

Comunicação interna:_____
_____

Uma vez elencados os elementos da cultura organizacional, se pergunte: "Qual é o meu negócio?". A sua resposta será primordial para definir Missão, Visão e Valores da sua empresa. **PASSO 02**

PASSO 03 Preencha os campos Missão, Visão e Valores com base nas descobertas acima. Escrever por escrever não vale. Esses pontos precisam ser pensados de verdade, considerando o que o seu negócio é para você e aonde quer chegar.

O canvas *Missão, Visão e Valores* deve ser utilizado na fase da concepção da empresa e revisitado de tempos em tempos. Inclusive, proponho um desafio a você: complete esse canvas agora e, assim que terminar de ler este livro, consulte-o novamente e altere se necessário. Pode ser que suas ideias tenham amadurecido.

ELO 3: VISÃO **117**

Estudo de caso

A LerUp é uma plataforma digital inovadora cujo objetivo é otimizar a experiência da leitura. Ela foi criada a partir da observação de que muitas pessoas deixavam de ler por fatores como a falta de concentração e o cansaço visual. Dessa maneira, a plataforma se propõe a mudar esse cenário por meio de ferramentas que tornam a leitura mais atrativa e fácil de ser compreendida. Segundo Douglas Aguirre, fundador da LerUp e meu mentorado, são usados conceitos de gamificação; leitura pelo método *Rapid Serial Visual Presentation* (RSVP); ferramentas de regressão; anotação e marcação de texto; e testes de fluência leitora.

Depois de analisar o core do seu negócio e como ele queria que a LerUp fosse reconhecida pelos clientes, Douglas chegou à seguinte conclusão da Missão, Visão e Valores da sua empresa:

Missão, Visão e Valores by Fernando Seabra
Template para definição e direcionamento

Nome:	Projeto:	Data:	Versão:
Douglas Aguirre	LerUp	19/05/2024	1

Missão, Visão e Valores são elementos fundamentais para a definição e direcionamento de sua organização.

A **missão** é a razão de existir da empresa, ou seja, o propósito pelo qual ela foi criada. Ela descreve o que a organização faz, para quem e como faz, e qual impacto busca gerar na sociedade. A missão é uma declaração concisa que orienta as ações e decisões da empresa.

A **visão** é a imagem futura que a organização almeja alcançar. Ela descreve o que a empresa deseja ser a longo prazo, e serve como um guia para o planejamento estratégico. A visão é inspiradora e desafiadora, deve ser compartilhada por todos os membros da organização e orienta as metas e objetivos da empresa.

Os **valores** são os princípios e crenças que norteiam o comportamento e as relações internas e externas da organização, representam as convicções e ética da empresa. São a base para a cultura organizacional, guias para a tomada de decisões e influenciam a forma como a empresa se relaciona com seus colaboradores, clientes, fornecedores e comunidade.

Preencha a tabela abaixo considerando o seu projeto

Missão:
Transformar as capacidades de leitura, compreensão e interpretação de textos em todas as pessoas.

Visão:
Ampliar a alta cultura no mundo, por meio de tecnologias digitais educacionais.

Valores:
Aspiração; Autonomia; Inovação; Usabilidade; Responsabilidade.

"Nossa jornada profissional é a expressão de quem nós somos como seres humanos." Fernando Seabra

AS 7 FONTES DA INOVAÇÃO BY PETER DRUCKER
Descobrindo Oportunidades de Inovação

Como você já sabe, eu fui aluno de Peter Drucker, o pai da Administração Moderna, e boa parte do que você está lendo neste livro foi inspirado no que aprendi no meu MBA. Enquanto os maiores especialistas olhavam para fora das empresas para analisar a evolução de mercado, o cenário de crescimento e possibilidade de Inovação, Drucker invertia essa lógica e olhava para dentro, preparando a gestão das empresas para pensar de maneira inovadora e compreender as mudanças na economia e no mundo ao redor.

Drucker via a Inovação não como um mero acaso ou um lampejo de genialidade, mas como uma atividade sistemática e organizada. Para ele, inovar era algo que podia ser ensinado e aprendido, assim como qualquer outra habilidade ou disciplina empresarial. Em vez de ser um evento esporádico, a Inovação deve ser uma prática contínua, incorporada à cultura e à estratégia de uma organização.

Importante também é a visão de Drucker de que a Inovação não é exclusiva de grandes corporações ou setores de alta tecnologia. Qualquer empresa, grande ou pequena, em qualquer setor, pode e deve inovar. Seja melhorando um processo interno, introduzindo um novo produto ou redefinindo completamente seu modelo de negócios. A Inovação é acessível e necessária a todos.

Considerando que a Inovação pode ser aprendida e que é preciso treinar esse olhar para enxergar as oportunidades, eu criei a metodologia *As 7 Fontes da Inovação by Peter Drucker*, uma ferramenta de planejamento estratégico e análise, baseada nas cinco perguntas principais que meu mestre fazia aos seus clientes de consultoria e nas sete fontes de Inovação de sua obra *Inovação e espírito empreendedor.*[31] Essa metodologia é dividida em dois quadrantes: Entendendo o seu Negócio e Inovando o seu Negócio, e vou explicar cada uma delas.

Entendendo o seu negócio

Drucker, além de professor e escritor, era um renomado consultor de empresas. Toda consultoria que ia fazer começava com as cinco perguntas consideradas por ele como básicas:

1. Qual é a missão da sua empresa?

Está fácil, afinal, você já sabe criar a missão da sua empresa (ou até já criou a sua), pois falamos sobre isso na metodologia *Missão, Visão e Valores*. Então, vou explicar as demais questões de Drucker.

2. Quem são os seus clientes?

Refere-se a quem realmente está consumindo seu produto. Para explicar esse conceito, eu conto nas minhas aulas a história real de uma fábrica americana de mangueiras que vendia para o varejo, ou seja, uma empresa *business to business* (B2B).

A gestão queria conhecer o cliente final e descobriu que parte de suas mangueiras era comprada por donos de galinheiros, que as prendiam no teto para refrescar as galinhas. Ao descobrir o uso, a empresa criou uma linha de produtos com foco específico nesse mercado, e as vendas do produto decolaram.

Veja como é importante ter uma visão ampla do negócio. O problema é que muitas empresas erram a resposta para essa

---

[31] DRUCKER, P. **Inovação e espírito empreendedor**. São Paulo: Cengage Learning. 2016.

pergunta, principalmente se é um negócio B2B. O seu cliente é quem consome o seu produto, não quem o compra de você, ou seja, o fornecedor. É o mesmo com uma empresa de alimentos que fornece seus produtos aos supermercados. Seu cliente não é o dono do estabelecimento, mas sim o cliente final. Ao perceber o que esses consumidores consomem, a indústria inova trazendo um novo ingrediente, uma nova linha de produtos ou até uma embalagem diferenciada, mas que agrade quem consome o produto.

3. O que seus clientes valorizam?

O empreendedor sempre pensa na necessidade do consumidor na hora de criar um produto, o que está correto, mas é preciso ir além e criar algo que o cliente valorize. Porque a decisão de compra passa por essa questão. Um consumidor não compra só o que ele precisa, mas o que ele valoriza. Ele compra a marca.

A Apple é um exemplo. Ela não precisa ter o melhor smartphone do mercado. As pessoas o compram porque querem a marca, o status. E você precisa pensar em criar essa aproximação com o seu cliente final para ser valorizado por ele, e não só pelo varejo que revende o seu produto.

4. Quais são os resultados esperados?

Quando Drucker pergunta sobre resultado esperado, ele enfatiza a importância de medir e gerenciar indicadores que mostram a maneira como a empresa está crescendo e atingindo esses resultados. Para ele, um dos maiores perigos é crescer e não saber o que foi feito para alcançar tal meta.

Nas minhas mentorias, já encontrei empresas que se consideram um *case* de sucesso, pois haviam aumentado substancialmente o faturamento ou a margem. Quando questionadas como consegui-ram tal feito, eu ouvia coisas como: "Não sei" ou "Implementei várias soluções, mas não sei qual deu mais resultado". Isso é péssimo, pois ficou claro que elas não tinham métricas para tudo o que faziam. Quando isso acontece, você não sabe como fazer de novo, ou, até pior, a métrica que ajudou sua empresa acaba sumindo, resultados negativos aparecem e você não sabe como saná-los. O que pode ser medido pode ser melhorado, já dizia Peter Drucker.

5. Qual é o seu plano de ação?

Esta resposta depende de outras três perguntas:

a. Em que o negócio atua? ....

b. Como será o negócio no futuro? ....

c. Como deveria ser o negócio no futuro? ....

Para Drucker, podemos criar o futuro, visto que é impossível prevê-lo, a partir do que fazemos no presente. O autor ainda salientava a importância de definir os objetivos empresariais, determinar os recursos necessários para isso e analisar o ce-nário atual para criar o que você quer que sua empresa se torne nos próximos anos. Essas cinco questões de Drucker funcio-nam como uma fotografia que representa o momento que vi-vemos. É um despertar de consciência, uma forma de entender o negócio.

Inovando o seu negócio

O despertar da consciência empresarial é essencial para que você enxergue as oportunidades de Inovação. Drucker identificou as sete fontes de Inovação, e eu as integrei ao segundo quadrante da metodologia *As 7 Fontes da Inovação by Peter Drucker*. São elas:

1. **Inesperada:** quando algo não sai como planejado, seja um sucesso, seja um fracasso.
2. **Incongruências:** quando há discrepância entre o que é e o que deveria ser. Isso pode ser uma incongruência no processo, no mercado ou no produto.
3. **Necessidade do processo:** quando um processo pode ser melhorado ou há uma necessidade não atendida nele.
4. **Mudanças no setor e estrutura do mercado:** quando há mudanças significativas em uma indústria ou mercado, como novas regulamentações ou novas tecnologias.
5. **Demografia:** quando acontecem mudanças demográficas, como transformações na população, idade e composição familiar.
6. **Mudanças de percepção, humor e significado:** quando a percepção das pessoas sobre o mundo ao redor delas, seus valores e seus comportamentos mudam ao longo do tempo.
7. **Novos conhecimentos:** quando novas ideias, tecnologias ou combinações de conhecimento podem gerar inovações, incluindo avanços científicos, tecnológicos e novas abordagens para problemas antigos.

Todas essas fontes representam portas para a Inovação. Uma vez que você as alinha com os objetivos estratégicos da sua organização, consegue criar valor real para os clientes e o mercado. Essa é a proposta desta metodologia.

Drucker enfatizava que a Inovação não envolve apenas tecnologia ou invenções, mas também a aplicação de ideias que geram valor. Ele ainda destacava a importância de olhar para fora da própria organização para identificar outras possibilidades de Inovação. A importância do olhar para o externo ficará evidenciada quando virmos o *Mapa do Ecossistema*, metodologia do *Elo 6: Encontro*, que fecha a Mandala da Inovação.

Nome: **Projeto:** **Data:** **Versão:**

As 7 Fontes da Inovação by Peter Drucker
Descobrindo Oportunidades de Inovação

Entendendo o seu negócio - As 5 Questões de Drucker

Qual é a sua missão	Quem é o seu cliente	O que o cliente valoriza	Quais são os seus resultados	Qual é o seu plano

Inovando o seu negócio - As 7 Fontes da Inovação

Inesperado: O sucesso e o fracasso inesperados. Quando algo não sai como planejado.
Oportunidade:

Incongruências: Quando há uma discrepância entre o que é e o que deveria ser.
Oportunidade:

Necessidade do processo: Quando um processo pode ser melhorado ou há uma necessidade não atendida.
Oportunidade:

Mudanças no setor e estrutura do mercado: Tais como novas regulamentações ou novas tecnologias.
Oportunidade:

Demografia: Modificações na população, idade, composição familiar etc.
Oportunidade:

Mudanças na percepção, humor e significado: Como as pessoas percebem o mundo e alteram seus valores.
Oportunidade:

Novos conhecimentos: Novas ideias, tecnologias, ou combinações de conhecimento.
Oportunidade:

| PASSO 01 | Preencha o quadrante superior do canvas (Entendendo o seu Negócio), respondendo às cinco perguntas básicas de Drucker. Considere tudo o que ensinei sobre cada uma delas. Esta etapa é importante para você entender melhor o seu negócio. |

| Agora, preencha o quadrante inferior do canvas (Inovando o seu negócio), identificando possíveis fontes de inovação conforme as sugeridas por Drucker. Talvez você não encontre alternativas para todas elas, mas não se preocupe, volte a este canvas assim que concluir sua leitura, pois até lá você terá novos olhares e ideias. | PASSO 02 |

| PASSO 03 | Busque viabilizar e implementar a execução das oportunidades de inovação descobertas acima. |

Estudo de caso

A Pest Field Agentes Biológicos, da minha mentorada Camila Souza, é uma empresa de base tecnológica que atua na pesquisa e desenvolvimento de controle biológico de pragas agrícolas e fornecimento de insetos e no serviço de suporte a pesquisadores em ensaios de campo e laboratório. Por meio da Inovação contínua, busca na natureza as fontes para desenvolver uma agricultura cada vez mais sustentável. Mesmo a Pest Field Agentes Biológicos, que já tem a Inovação no seu DNA, precisa revisitar as fontes de Inovação constantemente. Com isso mente, Camila preencheu o canvas *As 7 Fontes da Inovação* da seguinte maneira:

As 7 Fontes da Inovação by Peter Drucker

Descobrindo Oportunidades de Inovação

Nome: Camila Souza

Projeto: Pest Field - Soluções em pesquisas agronômicas

Data: 25/05/2024

Versão: Safra 24/25

Entendendo o seu negócio - As 5 Questões de Drucker

Qual é a sua missão

A Pest Field tem como missão o fornecimento de soluções inovadoras para pesquisas agronômicas que vão além da produção e fornecimento de insetos-praga para infestação artificial.

Nossa empresa é alicerçada no compromisso com a pesquisa dos nossos clientes através do atendimento especializado e personalizado que abrange desde a produção em laboratório à logística.

Quem é o seu cliente

Engenheiros agrônomos doutores que exercem cargo de pesquisador sênior em pesquisa e desenvolvimento em multinacionais agroquímicas.

O que o cliente valoriza

Formação acadêmica do fornecedor, indicação, qualidade do produto, segurança da entrega e "tempo de mercado" da empresa.

Quais são os seus resultados

1. Aumento nas vendas foi proporcional ao "tempo de mercado" da empresa.
2. Nossos maiores clientes chegaram através da indicação de pesquisadores que já conheciam nosso trabalho.
3. A qualidade do produto e o atendimento especializado e personalizado foram fatores pontuados como fundamentais por clientes que se fidelizaram.

Qual é o seu plano

1. Soluções em pesquisas agronômicas:
1.1 Estabelecer métricas precisas de crescimento.
1.2 Reestruturar a cultura organizacional de forma simples e clara para o cliente.
2. Spin-off - Controle biológico de pragas:
2.1. Introdução de tecnologia no mercado regional: Início do MVP.
2.2. Pesquisa e desenvolvimento: Resultado da primeira etapa do projeto e planejamento das próximas etapas.

Inovando o seu negócio - As 7 Fontes da Inovação

Inesperado:
O sucesso e o fracasso inesperados. Quando algo não sai como planejado.

Oportunidade:

Incongruências:
Quando há uma discrepância entre o que é e o que deveria ser.

Oportunidade:

Necessidade do processo:
Quando um processo pode ser melhorado ou há uma necessidade não atendida.

Oportunidade:
-Inovação em processos.
-Discrepância entre a alta qualidade e as exigências do setor de pesquisa e as empresas de fornecimento de insetos-praga: baixa qualidade do produto final e ausência de atendimento especializado e personalizado.

Mudanças no setor e estrutura do mercado:
Tais como novas regulamentações ou novas tecnologias.

Oportunidade:
-Oportunidade de inovação organizacional.
-Com a lei da terceirização as empresas passaram a terceirizar processos internos: produção de insetos-praga e serviços em pesquisa, por exemplo.

Demografia:
Modificações na população, idade, composição familiar, etc...

Oportunidade:

Mudanças na percepção, humor e significado:
Como as pessoas percebem o mundo e alteram seus valores.

Oportunidade:
-Oportunidade de inovação em procedimentos.
-Mudança no comportamento: exigência do mercado por produtos e serviços cada vez mais customizados e eficazes: oferta de produtos personalizados para pesquisa.

Novos conhecimentos:
Novas ideias, tecnologias, ou combinações de conhecimento.

Oportunidade:

Você vai usar a metodologia *As 7 Fontes da Inovação by Peter Drucker* na etapa do planejamento estratégico de Inovação, para direcionar o desenvolvimento de novas ideias ou no momento de uma reorientação da organização diante de novas abordagens e perspectivas. Além disso, você vai usá-la sempre que uma das fontes da Inovação ocorrerem no seu negócio.

GOLDEN CIRCLE DA INOVAÇÃO
Template para Inovação Contínua

Em 2009, o escritor Simon Sinek tornou-se mundialmente conhecido ao introduzir o conceito do Golden Circle na área de liderança. Segundo ele, organizações e líderes bem-sucedidos precisam pensar, agir e comunicar-se de maneira oposta ao que a maioria das pessoas faziam naquela época. As empresas deveriam considerar, seja na concepção de um produto, na liderança, na gestão da empresa, seja na concepção de uma marca, primeiro o seu *porquê*, quer dizer, o propósito, a causa ou a crença, depois, o *como*, com valores ou princípios e, finalmente, o *o quê*, os produtos ou serviços oferecidos.

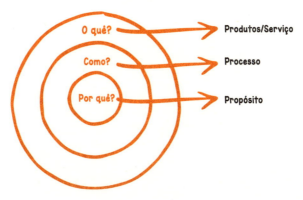

O Golden Circle foi popularizado pelo livro *Comece pelo por-quê*[32] e também pela apresentação de Sinek no *TED Talk*, que está entre as três mais populares do mundo, com 65 milhões de visualizações no site oficial do evento (isso somente enquanto este livro está sendo escrito).[33] Tomando como base esse conceito, eu criei a metodologia *Golden Circle da Inovação*, na qual caminhamos também de dentro para fora para criar o conceito de Inovação contínua a fim de que este seja parte do DNA da sua organização.

A metodologia começa pelos objetivos de Inovação alinhados com a realidade e visão da organização, "O que eu quero", depois para as iniciativas de como atingir esse porquê, "De que forma vou realizar isso", e, finalmente, as conquistas, os resultados bem-sucedidos das iniciativas. Portanto, a metodologia auxilia as empresas a determinar objetivos, traçar iniciativas e atingir conquistas de Inovação alinhadas com o seu propósito. Afinal, eu já falei que Inovação é transformar novas ideias em resultados, lembra?

Inovar apenas porque outros estão fazendo ou porque o mercado o faz pode ser um erro. Pense nos seus próprios motivos, avalie se eles são válidos e determine os objetivos que deseja alcançar com essa Inovação. Este canvas é dividido em três quadrantes, cada um representando um círculo:

---

[32] SINEK, S. **Comece pelo porquê**: como grandes líderes inspiram pessoas e equipes a agir. Rio de Janeiro: Sextante. 2018.

[33] SINEK, S. How great leaders inspire action. **TED**, set. 2009. Disponível em: https://www.ted.com/talks/simon_sinek_how_great_leaders_inspire_action?-subtitle=pt-br&lng=pt-br&geo=pt-br. Acesso em: 16 ago. 2024.

Objetivos: o que eu quero?

A definição de objetivos de Inovação é essencial para direcionar esforços, otimizar recursos e medir o impacto das iniciativas, garantindo que elas estejam alinhadas com a estratégia e as necessidades da organização. Ele auxilia a entender que toda empresa tem um motivo para inovar.

Nas minhas mentorias, já escutei várias vezes empreendedores afirmarem que não têm motivos para inovar ou que não sabem se precisam inovar. Quando apresento os objetivos do canvas *Golden Circle da Inovação*, eles geralmente levam um susto. Com certeza, pelo menos um deles serve para a sua empresa. São eles:

1. **Melhorar eficiência e produtividade:** a Inovação pode ajudar a otimizar processos internos, reduzir custos e aumentar a produtividade.
2. **Aumentar a rentabilidade:** a Inovação pode levar ao desenvolvimento de novos produtos ou serviços que geram receitas adicionais e aumentam o lucro da empresa.

3. **Atender às necessidades dos clientes:** a Inovação permite que as empresas desenvolvam soluções que atendam às demandas e às expectativas dos consumidores, garantindo satisfação e fidelidade.

4. **Melhorar a imagem da empresa:** a Inovação pode ajudar a construir uma imagem positiva do negócio, mostrando seu compromisso com a excelência e a busca por soluções inovadoras.

5. **Gerar novas fontes de receita:** a Inovação pode levar ao desenvolvimento de novos produtos ou serviços que atendam às necessidades dos clientes de maneira única, abrindo oportunidades para aumentar a receita.

6. **Antecipar tendências/mudanças no mercado:** por meio da Inovação, as empresas podem se manter atualizadas e preparadas para enfrentar as mudanças e as tendências do mercado, evitando a obsolescência.

7. **Atração e retenção de talentos:** empresas inovadoras são vistas como mais atraentes para profissionais talentosos, que buscam oportunidades de crescimento e desenvolvimento.

8. **Expansão para novos mercados:** por meio da Inovação, as empresas podem identificar oportunidades de crescimento em novos mercados, ampliando sua base de clientes e aumentando sua participação no mercado.

Iniciativas: de que forma irei realizar isso?

Elencar as iniciativas é crucial para priorizar ações, alocar recursos de forma eficiente e acompanhar o progresso, assegurando que cada passo contribua diretamente para alcançar os objetivos determinados. Elas são divididas em três passos: cultura de Inovação, alinhamento da cultura e plano de ação.

PASSO 1: CRIANDO CULTURA DE INOVAÇÃO

Criar uma cultura de Inovação permite incentivar ideias, valorizar a colaboração e garantir a adaptação contínua, promovendo competitividade e crescimento sustentável. Para sua criação, é necessário:

1. **Definir uma visão clara compartilhada:** é o momento em que se estabelece uma visão nítida e compartilhada de como a Inovação se encaixa nos objetivos e nos valores da organização. Nessa etapa é necessário certificar-se de que todos entendam a importância da Inovação para o sucesso da empresa.
2. **Investir no desenvolvimento de habilidades:** é a capacitação dos colaboradores com treinamentos que promovam criatividade, Inovação e aprendizado contínuo, focando habilidades técnicas e comportamentais.
3. **Promover colaboração e engajamento:** fomento de um ambiente de trabalho colaborativo e inclusivo, valorizando a diversidade de pensamento para impulsionar a Inovação.
4. **Promover a confiança pessoal:** quando se acolhem erros como aprendizado, gerando confiança para que a equipe inove. Falta de confiança limita a criatividade e a Inovação.
5. **Criar um ambiente controlado:** um espaço equilibrado permite experimentação e aprendizado, promovendo criatividade e colaboração sem medo do fracasso, o que fortalece a Inovação e a adaptação.

6. **Encorajar a experimentação e o erro:** encoraje a aprendizagem contínua, mesmo com os erros, incentive a experimentação e a aceitação do fracasso como uma oportunidade de melhoria.

7. **Dar exemplo:** a liderança exemplar é essencial para cultivar uma cultura de Inovação, sendo promotora de comportamentos inovadores alinhados à visão da organização.

PASSO 2: ALINHAMENTO DA CULTURA

Alinhar a cultura de Inovação une os colaboradores em uma visão comum, maximizando o impacto das iniciativas inovadoras. Para isso, é necessário:

1. **Compreender a cultura atual:** antes de promover mudanças, entenda a cultura vigente da organização, analisando valores, crenças e práticas que influenciam a percepção e a prática da Inovação.

2. **Estabelecer metas claras de Inovação:** defina metas e objetivos claros, específicos e mensuráveis para a cultura de Inovação, alinhados com a missão, a visão e os valores da organização.

3. **Promover a conexão liderança-colaboradores:** a conexão é necessária para o alinhamento da cultura de Inovação, pois promove o engajamento e empoderamento dos colaboradores.

4. **Comunicar a visão e os objetivos:** comunique a perspectiva de forma clara e consistente para todos os membros da organização. Explique os benefícios da cultura de Inovação e de que modo ela pode impactar positivamente a empresa e seus colaboradores.

5. **Identificar embaixadores de Inovação:** reconheça os membros da equipe que são entusiastas e defensores da Inovação. Eles podem ajudar a criar entusiasmo, engajamento e comprometimento entre os colaboradores.

6. **Reconhecer e recompensar a Inovação:** implemente um sistema de reconhecimento que celebre e incentive a Inovação, valorizando esforços com prêmios, promoções e reconhecimento público.

7. **Monitorar e ajustar continuamente:** observe e altere regularmente a cultura de Inovação, acompanhando resultados e incorporando feedbacks para melhorias contínuas.

PASSO 3: PLANO DE AÇÃO

Um plano de ação para Inovação é crucial para coordenar esforços por meio de etapas claras, responsabilidades e prazos, garantindo a eficiência e o alcance sistemático dos objetivos. Os itens necessários para se traçar uma estratégia são:

1. **Implementar um sistema de gestão da Inovação:** crie um gerenciamento da Inovação que permita o acompanhamento e a avaliação dos projetos e das iniciativas inovadoras.

2. **Identificar oportunidades de Inovação:** realize uma análise interna e externa para identificar áreas de melhoria e oportunidades de Inovação dentro da organização.

3. **Criar um ambiente propício à Inovação:** promova um ambiente de trabalho que encoraje a criatividade, o pensamento "fora da caixa" e a cooperação entre os colaboradores.

4. **Estabelecer parcerias estratégicas:** busque conexões com outras empresas, instituições de pesquisa, startups e

fornecedores para compartilhar conhecimento, recursos e experiências, acelerando o processo de Inovação.

5. **Estabelecer indicadores de desempenho:** defina indicadores de desempenho alinhados à cultura de Inovação, isso ajudará a medir o progresso e a identificar áreas que precisam de melhorias.

6. **Estimular a participação de todos:** incentive o envolvimento de todos os colaboradores no processo de Inovação, através de programas de sugestões, *brainstormings* e workshops.

7. **Promover a cultura de aprendizado contínuo:** estimule a aprendizagem contínua e a busca por novos conhecimentos, incentivando os colaboradores a experimentarem, aprenderem com os erros e buscarem constantemente a melhoria.

Conquistas: Resultados bem-sucedidos das iniciativas

Listar as conquistas de Inovação avalia objetivos, celebra avanços, ajusta estratégias e motiva a equipe, demonstrando valor aos envolvidos. Segue a lista de possíveis resultados atingidos:

1. **Novos produtos/serviços inovadores:** lançamento de produtos ou serviços únicos e diferenciados, que atendam às necessidades dos clientes de forma inovadora.

2. **Melhoria na competitividade:** destaque no mercado, oferecendo produtos ou serviços únicos e diferenciados.

3. **Redução de custos:** inovações nos processos de negócios podem resultar em economias significativas de custos. Isso pode envolver automação, eficiências operacionais ou otimização da cadeia de suprimentos.

4. **Aumento da satisfação do cliente:** a Inovação centrada nos consumidores pode levar a produtos e serviços mais alinhados com as necessidades e os desejos deles, o que pode resultar em maior satisfação e fidelidade dos compradores.

5. **Redução do impacto ambiental:** a Inovação pode ajudar as empresas a desenvolver produtos e processos mais sustentáveis, reduzindo o impacto no meio ambiente.

6. **Fomento à criatividade e colaboração:** uma cultura de Inovação promove a criatividade e a cooperação entre os funcionários, o que pode resultar em ideias e soluções mais inovadoras.

7. **Melhoria na reputação da marca:** empresas inovadoras muitas vezes são vistas como líderes e pioneiras em seus setores, o que pode melhorar a imagem da marca e a percepção do público.

8. **Estímulo à criatividade/pensamento crítico:** promoção de um ambiente de trabalho criativo no qual os funcionários são incentivados a pensar de forma inovadora e a buscar soluções criativas para os desafios.

Golden Circle da Inovação by Fernando Seabra

Template para Inovação Contínua

Nome: Projeto: Data: Versão:

CONQUISTAS
(Resultados bem-sucedidos das iniciativas)

INICIATIVAS
(De que forma irei realizar isso?)

OBJETIVOS
(O que eu quero?)

01 OBJETIVOS

( ) Melhorar eficiência e produtividade
( ) Aumentar a rentabilidade
( ) Atender as necessidades dos clientes
( ) Melhoria da imagem da empresa
( ) Gerar novas fontes de receita
( ) Antecipar tendências/mudanças no mercado
( ) Atração e retenção de talentos
( ) Expansão para novos mercados
( ) Outros _____

03 CONQUISTAS

( ) Novos produtos/serviços inovadores
( ) Melhoria na competitividade
( ) Redução de custos
( ) Aumento da satisfação do cliente
( ) Redução do impacto ambiental
( ) Fomento à criatividade e colaboração
( ) Melhoria na reputação da marca
( ) Estímulo à criatividade/pensamento crítico
( ) Outros _____

02 INICIATIVAS
Siga a ordem e assinale o que já tenha realizado

Passo 01
Criando Cultura de Inovação

( ) 1. Defina uma visão clara e compartilhada
( ) 2. Invista no desenvolvimento de habilidades
( ) 3. Promova a colaboração e engajamento
( ) 4. Promova a confiança pessoal
( ) 5. Crie um ambiente controlado
( ) 6. Encoraje a experimentação e o erro
( ) 7. Dê exemplo
( ) 8. Outros _____

Passo 02
Alinhamento da Cultura

( ) 1. Compreenda a cultura atual
( ) 2. Estabeleça metas claras de inovação
( ) 3. Promova conexão liderança/colaboradores
( ) 4. Comunique a visão e os objetivos
( ) 5. Identifique embaixadores de inovação
( ) 6. Reconheça e recompense a inovação
( ) 7. Monitore e ajuste continuamente
( ) 8. Outros _____

Passo 03
Plano de Ação

( ) 1. Implemente um sistema de gestão da inovação
( ) 2. Identifique oportunidades de inovação
( ) 3. Crie um ambiente propício à inovação
( ) 4. Estabeleça parcerias estratégicas
( ) 5. Estabeleça indicadores de desempenho
( ) 6. Estimule a participação de todos
( ) 7. Promova a cultura de aprendizado contínuo
( ) 8. Outros _____

PASSO 01 — No quadrante 1, Objetivos, marque todos os objetivos desejados neste momento. Se não encontrar um que se adeque à sua situação atual, escreva o que desejar na linha "outros".

PASSO 02 — No quadrante 2, Iniciativas, assinale aquelas que já tenha realizado. A realização de todas as iniciativas sugeridas aumenta a chance de sucesso dos objetivos desejados.

PASSO 03 — No quadrante 3, Conquistas, assinale as conquistas atingidas e compare com os objetivos inicialmente estabelecidos, a fim de conferir o sucesso das iniciativas traçadas e implementadas.

PASSO 04 — Volte ao quadrante 1, Objetivos, estabeleça novos e reinicie o ciclo de inovação contínua.

Estudo de caso

No *Elo 1: Busca*, mostrei como José Miranda, da Pneuforte, preencheu o seu canvas *Teoria do Encontro*. Só para lembrar, sua empresa é a maior vendedora de pneus para carros e caminhões da região Norte do país, e, após uma análise de mercado, eles constataram que era o momento de vender também pneus para moto. Aqui, no *Golden Circle da Inovação*, Miranda elencou os seus objetivos para inovar e como incorporar a Inovação na sua empresa.

ELO 3: VISÃO **139**

Golden Circle da Inovação by Fernando Seabra
Template para Inovação Contínua

Nome: José Miranda de Araújo Neto
Projeto: Pessoas x Processos
Data: Maio/24
Versão:

01 OBJETIVOS

- (✓) Melhorar eficiência e produtividade
- (✓) Aumentar a rentabilidade
- (✓) Atender as necessidades dos clientes
- ( ) Melhoria da imagem da empresa
- (✓) Gerar novas fontes de receita
- ( ) Antecipar tendências/mudanças no mercado
- (✓) Atração e retenção de talentos
- ( ) Expansão para novos mercados
- ( ) Outros _____

03 CONQUISTAS

- ( ) Novos produtos/serviços inovadores
- ( ) Melhoria na competitividade
- ( ) Redução de custos
- ( ) Aumento da satisfação do cliente
- ( ) Redução do impacto ambiental
- (✓) Fomento à criatividade e colaboração
- ( ) Melhoria na reputação da marca
- (✓) Estímulo à criatividade/pensamento crítico
- ( ) Outros _____

CONQUISTAS (Resultados bem-sucedidos das iniciativas)

INICIATIVAS (De que forma irei realizar isso?)

OBJETIVOS (O que eu quero?)

INICIATIVAS
Siga a ordem e assinale o que já tenha realizado

Passo 01
Criando Cultura de Inovação

- ( ) 1. Defina uma visão clara e compartilhada
- (✓) 2. Invista no desenvolvimento de habilidades
- (✓) 3. Promova a colaboração e engajamento
- (✓) 4. Promova a confiança pessoal
- (✓) 5. Crie um ambiente controlado
- ( ) 6. Encoraje a experimentação e o erro
- ( ) 7. Dê exemplo
- ( ) 8. Outros _____

Passo 02
Alinhamento da Cultura

- (✓) 1. Compreenda a cultura atual
- ( ) 2. Estabeleça metas claras de inovação
- (✓) 3. Promova conexão liderança/colaboradores
- ( ) 4. Comunique a visão e os objetivos
- ( ) 5. Identifique embaixadores de inovação
- ( ) 6. Reconheça e recompense a inovação
- ( ) 7. Monitore e ajuste continuamente
- ( ) 8. Outros _____

Passo 03
Plano de Ação

- ( ) 1. Implemente um sistema de gestão da inovação
- ( ) 2. Identifique oportunidades de inovação
- ( ) 3. Crie um ambiente propício à inovação
- ( ) 4. Estabeleça parcerias estratégicas
- (✓) 5. Estabeleça indicadores de desempenho
- ( ) 6. Estimule a participação de todos
- (✓) 7. Promova a cultura de aprendizado contínuo
- ( ) 8. Outros _____

140 A MANDALA DA INOVAÇÃO

Vai parecer redundância, mas eu quero que você não se esqueça de que o *Golden Circle da Inovação* é um círculo, ou seja, ele tem um começo, mas não tem fim. Você pode estar em diversos momentos das iniciativas ou atrás de objetivos distintos para alcançar diferentes progressos. A cada nova realização, outras metas surgirão para que novos propósitos sejam atingidos. Torne esse processo parte do DNA da sua organização.

Lembre-se: todo início é o fim de algum começo.

A Inovação contínua requer o comprometimento de todas as pessoas da organização, começando pela alta liderança até todos os outros membros do negócio. Quanto mais enraizada for a sua cultura organizacional pautada na Inovação, mais a empresa colherá benefícios no ambiente de negócios. Pense nisso. E de maneira contínua.

Capítulo 8
ELO 4: DESENVOLVIMENTO

O simples dá um megatrabalho.

Fernando Seabra

Experientes no mercado de lançamento de produtos, Joan Schneider e Julie Hall, então sócias na Schneider Associates (que anos depois passou a ser The Belfort Group), uma agência norte-americana especializada em marketing e relações públicas, contaram que recebiam regularmente ligações de empresários e criadores de marcas buscando ajuda para lançar seus produtos revolucionários no mercado.

Porém, quando elas questionavam se eles tinham feito pesquisas para chegar à conclusão de que o produto seria o sucesso que descreviam, a resposta que mais ouviam era: "Ainda não fizemos a pesquisa, mas sabemos por experiência própria que funciona e é totalmente seguro".[34] A verdade é que a maioria não foi bem. Lançar um produto sem conhecer a fundo o que seu cliente deseja e se ele realmente será útil é um risco muito grande.

Quantas empresas você conhece que já tiveram que retirar produtos do mercado por não entenderem as necessidades do cliente e, portanto, não venderem e rentabilizarem o suficiente?

----

[34] SCHNEIDER, J.; HALL, J. Why most product launches fail. **Harvard Business Review**, abr. de 2011. Disponível em: https://hbr.org/2011/04/why-most-product-launches-fail. Acesso em: 18 jul. 2024.

A Pepsi foi uma delas. Nos anos 1990, a empresa lançou a Crystal Pepsi, um refrigerante transparente, visando atender à demanda de consumidores que procuravam uma bebida mais saudável. Para a equipe de desenvolvimento do produto, a cor da bebida sinalizava pureza e saúde, portanto apostar na Crystal seria um tiro certeiro. A bebida foi lançada com um investimento gigante de marketing e teve até propaganda durante o Super Bowl de 1993. Se você acompanha futebol americano, sabe quanto custa ter uma marca estampada durante a partida que define o campeão da temporada. Para você ter uma ideia, em 2024, o valor foi de 7 milhões de dólares por 30 segundos de propaganda.[35]

Mas o resultado não foi o esperado. Apesar das vendas extraordinárias nas primeiras semanas após o lançamento, provavelmente motivadas pela curiosidade dos clientes, o feito não se repetiu por muito tempo. O sabor não agradou o consumidor, que esperava o mesmo gosto da Pepsi e não encontrou, e, além disso, não houve interesse do público-alvo. Quem procurava uma bebida saudável não queria um refrigerante.

Dois anos depois, a bebida foi retirada das prateleiras dos supermercados estadunidenses.[36] Em entrevista ao Yahoo! Finance em 2021, David Novak, executivo que foi um dos incentivadores do projeto, declarou que a Crystal Pepsi foi uma

---

[35] CASTELLANOS, D. Super Bowl: quanto custa um comercial de 30 segundos em 2024? **Bloomberg Línea**, 11 fev. 2024. Disponível em: https://www.bloomberglinea.com.br/estilo-de-vida/super-bowl-quanto-custa-um-comercial-de-30-segundos-em-2024/. Acesso em: 11 ago. 2024.

[36] KELLY, D. Why Crystal Pepsi was a flop. **Mashed**, 12 set. 2018. Disponível em: https://www.mashed.com/111261/crystal-pepsi-flop/. Acesso em: 18 jul. 2024.

"ideia inovadora mal executada".[37] A Pepsi errou porque não ouviu o seu cliente quando desenvolveu a bebida, nem mesmo depois do lançamento. Esse é um dos principais problemas das empresas quando criam produtos. E é perigoso e custoso. Embora a Crystal Pepsi não tenha sido um problema para o caixa da multinacional, a marca viu a sua reputação e a sua credibilidade afetadas.

Se as grandes organizações erram ao não ouvir o cliente, as pequenas empresas e as startups não fazem diferente. Um levantamento feito pela CB Insights constatou que 35% das startups fracassam porque lançam um produto ou um serviço que não atende à necessidade do mercado.[38] Isso acontece porque muitos empreendedores se baseiam apenas em sua experiência pessoal e não escutam o mercado ao desenvolver a ideia, que é exatamente o que Joan Schneider e Julie Hall explicavam quando eram procuradas.

Por outro lado, projetos que partem de um problema a ser resolvido, com foco direcionado ao cliente – *customer centric* – tem 70% de chance de darem certo, de acordo com Anthony Ulwick, no livro *Jobs to Be Done*,[39] sinal de que a empresa tem uma preocupação real em resolver a dor do cliente. Quem acerta esse tom

---

[37] HUM, T. Former Yum CEO on Crystal Pepsi. every leader has an 'epic fail'. **Yahoo! Finance**, 13 ago. 2021. Disponível em: https://finance.yahoo.com/news/fmr-yum-ceo-on-crystal-pepsi-every-leader-has-an-epic-fail-152810417.html. Acesso em: 18 jul. 2024.

[38] THE TOP 12 reasons startups fail. **CB Insights**, 3 ago. 2021. Disponível em: https://www.cbinsights.com/research/report/startup-failure-reasons-top/. Acesso em: 18 jul. 2024.

[39] ULWICK, A. **Jobs to be done**. EUA: Idea Bite Press, 2016.

traz o cliente para si, tornando-o um propagador da marca, aquela pessoa que vai consumir o seu produto, indicá-lo para outros clientes e ainda defendê-lo. E isso é importante para a sustentabilidade do seu negócio no longo prazo.

Considerando o conceito de *customer centric*, e após análise de milhares de projetos dos quais já tive contato como mentor ou avaliador, criei o *Elo 4: Desenvolvimento* da Mandala da Inovação, que nos ajuda a entender o cliente para melhor conhecer as suas necessidades. Agora é a hora de relembrar a frase mais importante deste livro: **Empreender não é implementar soluções, mas sim resolver problemas.**

Repare que existe uma sequência lógica nos elos da Mandala, eles formam uma trilha de conhecimento e de planejamento do seu projeto. Comecei no *Elo 1: Busca*, ajudando o empreendedor a se autoconhecer; então segui para o *Elo 2: Conexão*, em que abordamos o lidar com o outro; depois passei pelo *Elo 3: Visão,* com ênfase na empresa e na construção da sua cultura organizacional e de Inovação, e agora chegou o momento de focar sua ideia de produto, lapidá-la e validá-la. Para isso, o *Elo 4: Desenvolvimento* é composto de três metodologias: *Canvas AVI, Expo SWOT Canvas* e *Six Thinking Hats*. Vamos a elas.

CANVAS AVI
Template para construir A Venda Ideal

Considerando que o cliente deve estar no centro das decisões, a metodologia *Canvas AVI – A Venda Ideal –* tem como objetivo encontrar a solução mais adequada ao seu comprador. Ela deve ser utilizada sempre que você for:

- **Desenvolver produtos e serviços;**
- **Desenhar estratégias de comunicação;**
- **Criar técnicas de marketing e vendas;**
- **Aproximar-se dos clientes, entendendo seus desejos e necessidades;**
- **Desenhar uma proposta de valor e definir a persona ideal.**

Proposta de valor é o posicionamento do seu produto no mercado que o faz ganhar destaque para o consumidor que passa a considerá-lo melhor que a concorrência. Quanto mais esse cliente entender a relevância do produto para a própria vida, melhor será seu engajamento e, consequentemente, o seu interesse pela compra.

Existem quatro forças invisíveis que influenciam o desenvolvimento e o sucesso do produto e da venda: o que você quer vender, o que o cliente quer comprar, do que o cliente precisa e o que efetivamente ele compra.

ELO 4: DESENVOLVIMENTO **147**

Juntas, essas quatro forças criam a proposta de valor ideal.

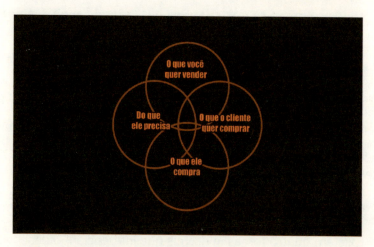

Quando você alia os atributos que vai encontrar no *Canvas AVI* a essas forças, a ferramenta vai mostrar o que você quer vender de acordo com o que seu cliente quer comprar, levando em consideração o histórico de compras dele e o que ele precisa no momento. Quanto mais essas forças estiverem entrelaçadas, mais forte e direta será a sua proposta de valor, aquela que entra no coração e na mente do consumidor.

A Inovação contínua requer o comprometimento de todas as pessoas da organização.

@fernando.seabra

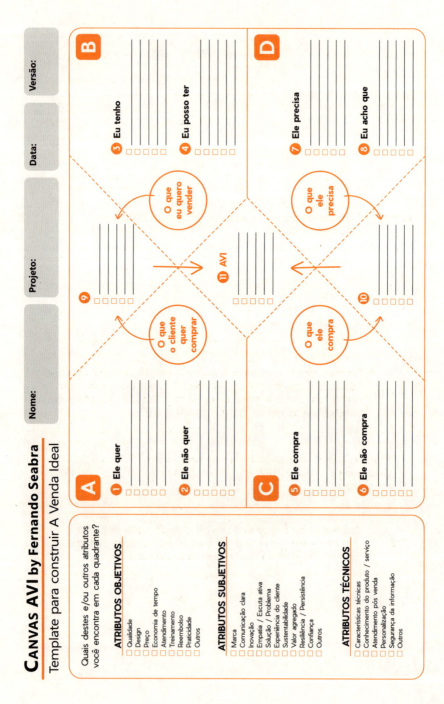

PASSO 01 No quadrante A, escreva os atributos que você selecionou entre as três listas da parte esquerda. No item 1, "O que ele quer "; e no item 2, "O que ele não quer". Este último será descartado posteriormente; logo, certifique-se de que estes atributos não estejam presentes na proposta ideal.

No quadrante B, escreva os atributos que você selecionou entre as três listas da parte esquerda. No item 3, "o que você tem"; e no item 4, "o que você pode ter". Essa percepção pode ser obtida após estudar com atenção a análise do Quadrante A. **PASSO 02**

PASSO 03 Escreva no item 9 os atributos em comum dos itens 1, 3 e 4. Certifique-se de que os atributos do item 2 não estejam presentes neste item.

No quadrante C, escreva os atributos que você selecionou entre as três listas da parte esquerda. No item 5, "o que ele compra"; e no item 6, "o que ele não compra". Este último será descartado posteriormente, logo certifique-se de que estes atributos não estejam presentes na proposta ideal. **PASSO 04**

PASSO 05 No quadrante D, escreva os atributos que você selecionou entre as três listas da parte esquerda. No item 7, "o que ele precisa"; e no item 8, "do que você acha que ele precisa". Essa percepção pode ser obtida após análise dos quadrantes A e C.

Escreva no item 10 os atributos em comum dos itens 5, 7 e 8. Certifique-se de que os atributos do item 6 não estejam presentes no item 10. **PASSO 06**

PASSO 07 Escreva no item 11 os atributos em comum dos itens 9 e 10. Certifique-se de que os atributos dos itens 2 e 6 não estejam presentes neste item.Você chegou à sua Venda Ideal.

ELO 4: DESENVOLVIMENTO **151**

O *Canvas AVI* é dividido em dois quadrantes. No primeiro, à esquerda, você encontra a lista de possíveis atributos objetivos, subjetivos e técnicos. Eu criei essa lista de atributos de acordo com a minha experiência como empreendedor, investidor e mentor. Na possibilidade de faltar algum deles, deixei a linha "outros" para você preencher com base no seu negócio. No segundo quadrante, à direita, as quatro forças invisíveis às quais me referi anteriormente são representadas nas partes A, B, C e D.

Estudo de caso

Especializada na distribuição de salgados congelados para casas de eventos e estabelecimentos do setor alimentício, a LLD Alimentos tem como objetivo oferecer os melhores produtos com qualidade artesanal e sabor diferenciado. De acordo com Valesca Khalil, fundadora da empresa, a LLD prioriza a praticidade, otimizando o tempo dos clientes e proporciona o melhor custo-benefício. Seu compromisso é garantir a satisfação de cada consumidor e, consequentemente, contribuir para o aumento das vendas. Portanto, encontrar a venda ideal é essencial para esse negócio. Veja como ela preencheu a metodologia *Canvas AVI*.

CANVAS AVI by Fernando Seabra

Template para construir A Venda Ideal

Nome: Valesca Khalil

Projeto: Distribuidora Salgados Congelados

Data: 2023

Versão:

Quais destes e/ou outros atributos você encontra em cada quadrante?

ATRIBUTOS OBJETIVOS

- ☑ Qualidade
- ☐ Design
- ☐ Preço
- ☑ Economia de tempo
- ☑ Atendimento
- ☑ Treinamento
- ☐ Reembolso
- ☑ Praticidade
- ☐ Outros

ATRIBUTOS SUBJETIVOS

- ☐ Marca
- ☑ Comunicação clara
- ☐ Inovação
- ☑ Empatia / Escuta ativa
- ☑ Solução / Problema
- ☑ Experiência do cliente
- ☐ Sustentabilidade
- ☑ Valor agregado
- ☑ Resiliência / Persistência
- ☑ Confiança
- ☐ Outros

ATRIBUTOS TÉCNICOS

- ☑ Características técnicas
- ☑ Conhecimento do produto / serviço
- ☑ Atendimento pós venda
- ☑ Personalização
- ☑ Segurança da informação
- ☐ Outros

A

❶ Ele quer
- ☐ Qualidade
- ☐ Custo baixo
- ☐ Prazo estendido
- ☐ Agilidade
- ☐ Facilidade

❷ Ele não quer
- ☐ Burocracia
- ☐ Custo elevado
- ☐ Perder tempo
- ☐ Dificuldade no preparo
- ☐ Produto de curta duração

C

❺ Ele compra
- ☐ Produtos baixo custo
- ☐ Qualidade duvidosa
- ☐ Ausência de clareza sobre produto

❻ Ele não compra
- ☐ Treinamento/consultoria
- ☐ Valor agregado
- ☐ Resolução do problema
- ☐ Inovação

B

❸ Eu tenho
- ☐ Qualidade
- ☐ Economia do tempo
- ☐ Atendimento/treinamento
- ☐ Sabor artesanal/experiência do cliente
- ☐ Preço justo

❹ Eu posso ter
- ☐ Tecnologia – melhorar processos
- ☐ Melhoria na política de prazos
- ☐ Sustentabilidade

D

❼ Ele precisa
- ☐ Conhecimento produto
- ☐ Vantagens competitivas
- ☐ Apresentação impecável
- ☐ Sabor incomparável
- ☐ Alavancar vendas

❽ Eu acho que
- ☐ A venda requer escuta ativa
- ☐ Avaliação – segmento de atuação do cliente
- ☐ Treinamento como diferencial competitivo
- ☐ Valor agregado do produto
- ☐ Resolver a dor do cliente é crucial

---

❾
- ☐ Qualidade
- ☐ Custo–benefício
- ☐ Tempo – praticidade
- ☐ Treinamento
- ☐ Conhecimento produto

O que eu quero vender

O que o cliente quer comprar

⓫ AVI
- ☐ Qualidade
- ☐ Otimização do tempo
- ☐ Melhor custo–benefício
- ☐ Atendimento/treinamento
- ☐ Alavancar suas vendas

❿
- ☐ Escolhe preço sem qualidade
- ☐ Precisa produto valor agregado
- ☐ Sabor e apresentação produto
- ☐ Identificar características técnicas
- ☐ Treinamento e acompanhamento

Do que ele precisa

O que ele compra

ELO 4: DESENVOLVIMENTO **153**

EXPO SWOT CANVAS
Planejamento das Tecnologias Exponenciais

A Matriz SWOT é uma ferramenta de planejamento estratégico que permite identificar as Forças, Fraquezas, Oportunidades e Ameaças de uma organização ou projeto. É utilizada para analisar tanto os fatores internos quanto os externos, auxiliando na tomada de decisões estratégicas. O termo SWOT é um acrônimo do inglês de:

- **S (*Strengths* – forças):** pontos positivos internos de um negócio que contribuem para a sua prosperidade, como robustez financeira, reputação da marca, pessoal capacitado, direitos de propriedade intelectual etc.
- **W (*Weaknesses* – fraquezas):** aspectos fracos internos que podem ser obstáculos para o êxito de um negócio, como alta rotatividade de funcionários, ineficácia operacional, falta de recursos etc.
- **O (*Opportunities* – oportunidades):** componentes externos que podem ser explorados em favor do negócio, como tendências de mercado, mudanças demográficas, mercados emergentes etc.
- **T (*Threats* – ameaças):** fatores externos que podem ser prejudiciais ao negócio, como aumento da concorrência, alterações na legislação, crise econômica, entre outros.

Ela é representada pelo seguinte quadro:

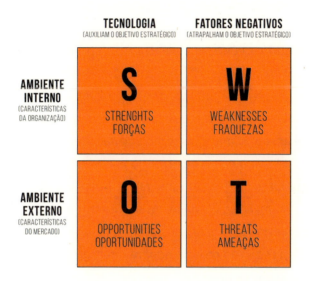

A metodologia *Expo SWOT Canvas* foi inspirada nessa ferramenta. Ela analisa forças, fraquezas, oportunidades e ameaças voltadas ao planejamento e gerenciamento das tecnologias exponenciais.

Aqui, vale uma pausa na metodologia para falar um pouco mais das tecnologias exponenciais que são cruciais para os negócios porque aceleram a Inovação, permitindo que as empresas cresçam de forma mais rápida e eficiente. Elas reduzem custos, aumentam a capacidade de análise e personalização e abrem novas oportunidades de mercado. Ao adotá-las, as empresas podem se diferenciar da concorrência e atender melhor às demandas dos clientes, além de se preparar para o futuro dinâmico dos negócios.

Atualmente, pelo menos enquanto este livro está sendo escrito, há uma série de tecnologias exponenciais despontando para serem enquadradas como potenciais. Vamos conhecer a seguir as elencadas nesta metodologia:

- **Inteligência Artificial (IA):** capacidade de sistemas computacionais em realizar tarefas que normalmente exigem inteligência humana, como reconhecimento de padrões, tomada de decisão e aprendizado a partir de dados.
- **Robótica:** robôs estão se tornando mais avançados e habilidosos em executar uma série de tarefas, desde a produção de bens até a realização de procedimentos cirúrgicos.
- **Impressão 3D:** impressoras que facilitam a criação rápida e de baixo custo de protótipos e a manufatura de itens e produtos personalizados; tem o potencial de reformular drasticamente as cadeias de suprimentos e sua produção.
- **Metaverso:** realidade virtual compartilhada em que usuários ao redor do mundo podem interagir em um ambiente tridimensional imersivo.
- *Blockchain***:** tecnologia que possibilita a transferência segura de ativos digitais sem a necessidade de uma autoridade central. Isso muda a maneira como as transações são feitas e registradas.
- **Criptomoedas:** ativos digitais que empregam métodos criptográficos para garantir a segurança das transações e supervisionar a geração de novas unidades. Operam de maneira descentralizada, utilizando *blockchain*. A criptomoeda mais conhecida é o bitcoin.
- **Realidade Virtual (VR) e Realidade Aumentada (AR):** tecnologias que manipulam nossa percepção da realidade. A VR cria um ambiente totalmente imersivo que substitui o ambiente real e é usada para criar ambientes simulados para jogos, treinamentos, terapias, entre outros. Já a AR superpõe informações digitais ou imagens no mundo real.

É usada em uma variedade de aplicações, entre elas jogos, navegação, assistência remota, treinamento e marketing.

- **Ciência de dados:** campo interdisciplinar que usa métodos científicos, processos, algoritmos e sistemas para extrair conhecimento e insights de muitos tipos de dados, sejam estruturados ou não estruturados. É frequentemente utilizada para tomar decisões estratégicas, prever tendências, entender o comportamento do cliente, otimizar processos etc.
- **Internet das Coisas (IoT):** rede de dispositivos físicos, também conhecidos como "coisas", que estão conectados à internet coletando e compartilhando dados. Esses dispositivos podem variar de objetos cotidianos como geladeiras, relógios e termostatos até complexos sistemas industriais.

Embora pareçam tecnologias muito distantes, já estamos convivendo todos os dias com algumas delas. Não é possível acreditar que isso não faz parte ou nunca vai ser integrado ao seu negócio. Você precisa desde já considerar os desafios que elas trazem e prever como podem ajudá-lo a inovar.

Voltando à metodologia *Expo SWOT Canvas*, ela tem como objetivo trazer uma visão panorâmica de como transformar fraquezas em forças e ameaças em oportunidades. Vamos ver como isso funciona na prática.

A metodologia *Expo SWOT Canvas* é dividida em duas partes. Na primeira, à esquerda, você encontra a lista de possíveis itens de Forças, Fraquezas, Oportunidades e Ameaças que podem ser encontrados no seu negócio. Na segunda parte, à direita, a lista de todas as tecnologias exponenciais a serem analisadas; e um campo para "outros", para novos avanços que possam surgir.

Expo SWOT Canvas by Fernando Seabra
Planejamento das Tecnologias Exponenciais

Nome: **Projeto:** **Data:** **Versão:**

Quais destas características estão presentes em S, W, O e/ou T?

FORÇAS (STRENGTHS)
S.1. Know How
S.2. Customização
S.3. Qualidade
S.4. Reputação
S.5. Preços
S.6. Distribuição
S.7. Plataforma tecnológica
S.8. Outros

FRAQUEZAS (WEAKNESSES)
W.1. Gargalos no processo
W.2. Falta de conhecimento técnico
W.3. Problemas financeiros
W.4. Falta de reputação no mercado
W.5. Falta de capital humano
W.6. Problemas com a gestão
W.7. Motivação da equipe
W.8. Outros

INTERNO / EMPRESA

OPORTUNIDADES (OPPORTUNITIES)
O.1. Aliança estratégica
O.2. Diversificação
O.3. Novas tendências
O.4. Novos produtos / serviços
O.5. Novos nichos
O.6. Novo design / tecnologia
O.7. Melhorias logísticas
O.8. Outros

AMEAÇAS (THREATS)
T.1. Perda de clientela
T.2. Elevação de custos
T.3. Mudanças tecnológicas
T.4. Lançamentos da concorrência
T.5. Saturação no mercado
T.6. Novas regulamentações
T.7. Sazonalidades
T.8. Outros

EXTERNO / MERCADO

	Inteligência Artificial (AI)	Blockchain	Cripto-moeda	Metaverso	Impressão 3D	Realidade Virtual (VR) Realidade Aumentada (AR)	Ciência de dados	Internet das coisas (IoT)	Robótica	Outros
S — QUAIS SÃO SEUS DIFERENCIAIS COMPETITIVOS?										
W — QUAIS SÃO SEUS PONTOS FRACOS?										
O — COMO ESTA TECNOLOGIA PODE AJUDAR O SEU NEGÓCIO?										
T — COMO ESTA TECNOLOGIA PODE AMEAÇAR O SEU NEGÓCIO?										

CONVERTER

FRAQUEZAS EM FORÇAS W → S

AMEAÇAS EM OPORTUNIDADES T → O

A MANDALA DA INOVAÇÃO

PASSO 01 — Analise a lista com todas as tecnologias exponenciais apresentadas. Você pode começar por aquelas que tenham maior influência sobre o seu negócio no momento, mas faça o exercício pensando em todas elas.

PASSO 02 — Escolha uma para começar e anote nos campos S, W, O e T as características elencadas no lado esquerdo que se aplicam ao seu negócio no momento. Você pode anotar o código ou escrever cada uma delas, por exemplo, S1 ou know-how.

Caso não tenha itens para algum dos campos, deixe em branco. Repita o procedimento para cada uma das tecnologias.

PASSO 03 — Chegou a hora de tomar decisões estratégicas relacionadas à adoção e ao gerenciamento de tecnologias exponenciais.

É o momento de pensar em como converter fraquezas em forças e ameaças em oportunidade. Escreva no campo "Converter" as ações e iniciativas que devem ou podem ser tomadas.

A ideia não é que você implemente já o que acabou de escrever, mas que sirva como *brainstorming* de ações a serem tomadas em curto, médio e longo prazo. É o futuro que você não imaginava, mas que agora vislumbra.

Estudo de caso

A Letzee é uma plataforma SaaS[40] que se conecta às contas de marketplaces, como Mercado Livre, Amazon e Shopee, além de outras plataformas de e-commerce, para extrair e processar dados automaticamente. Segundo Victor Crovador, fundador da empresa e meu mentorado, com base em dados extraídos, eles oferecem *dashboards* interativos e análises usando inteligência artificial para facilitar a tomada de decisões.

---

[40] *Software as a Service* (SaaS) são softwares e outras aplicações disponibilizadas por meio da internet como um serviço. Exemplo: Google Drive e Netflix (N.E.)

Em síntese, a Letzee transforma dados em conhecimento para aumentar a performance e lucratividade de pequenos e médios e-commerces. Sua missão é trazer clareza e simplicidade para gestores desse setor tomarem decisões embasadas em dados. Mesmo já usando a tecnologia exponencial, Vitor conseguiu enxergar outras que podem ajudar ou atrapalhar o seu negócio, e também determinou ações para que possa transformar as fraquezas em forças e as ameaças em oportunidades e garantir uma posição inovadora e sustentável no mercado em que atua.

ExpoSWOT Canvas by Fernando Seabra

Planejamento das Tecnologias Exponenciais

Nome: Vitor Crovador
Projeto: Letzee
Data: 04/06/2024
Versão: 1.0

Quais destas características estão presentes em S, W, O e/ou T?

INTERNO / EMPRESA

S — FORÇAS (STRENGTHS)
- S.1. Know How
- S.2. Customização
- S.3. Qualidade
- S.4. Reputação
- S.5. Preços
- S.6. Distribuição
- S.7. Plataforma tecnológica
- S.8. Outros

W — FRAQUEZAS (WEAKNESSES)
- W.1. Gargalos no processo
- W.2. Falta de conhecimento técnico
- W.3. Problemas financeiros
- W.4. Falta de reputação no mercado
- W.5. Falta de capital humano
- W.6. Problemas com a gestão
- W.7. Motivação da equipe
- W.8. Outros

EXTERNO / MERCADO

O — OPORTUNIDADES (OPPORTUNITIES)
- O.1. Aliança estratégica
- O.2. Diversificação
- O.3. Novas tendências
- O.4. Novos produtos / serviços
- O.5. Novos nichos
- O.6. Novo design / tecnologia
- O.7. Melhorias logísticas
- O.8. Outros

T — AMEAÇAS (THREATS)
- T.1. Perda de clientela
- T.2. Elevação de custos
- T.3. Mudanças tecnológicas
- T.4. Lançamentos da concorrência
- T.5. Saturação no mercado
- T.6. Novas regulamentações
- T.7. Sazonalidades
- T.8. Outros

Tabela

	Inteligência Artificial (AI)	Blockchain	Cripto-moeda	Metaverso	Impressão 3D	Realidade Virtual (VR) / Realidade Aumentada (AR)	Ciência de dados	Internet das coisas (IoT)	Robótica	Outros
S — QUAIS SÃO SEUS DIFERENCIAIS COMPETITIVOS?	S.1 S.7	—	—	—	—	—	S.1 S.7	—	—	—
W — QUAIS SÃO SEUS PONTOS FRACOS?	W.4 W.5	—	—	—	W.2	W.2	W.4 W.5	—	W.2	—
O — COMO ESTA TECNOLOGIA PODE AJUDAR O SEU NEGÓCIO?	O.1 O.4 O.5	O.2 O.4	O.4 O.5	O.6	O.2	O.6	O.1 O.4 O.5	O.2 O.4 O.5	O.2 O.6	—
T — COMO ESTA TECNOLOGIA PODE AMEAÇAR O SEU NEGÓCIO?	T.4 T.5 T.6	—	—	T.3	—	T.3	T.4 T.5 T.6	—	—	—

CONVERTER

FRAQUEZAS EM FORÇAS (W → S)

Ao expor nosso negócio em redes sociais e em eventos vamos construir uma marca forte e reconhecida. Com isso podemos atrair cada vez mais talentos e/ou parcerias que complementem nossa tecnologia para reforçar nossa posição e absorver outras tecnologias.

AMEAÇAS EM OPORTUNIDADES (T → O)

Implantando uma cultura de inovação contínua podemos estar à frente da concorrência, desenvolver novos produtos, nos adequar à possíveis regulações, e desenvolver novas tecnologias.

A metodologia *Expo SWOT Canvas* deve fazer parte do seu planejamento estratégico e ser usada sempre que você estiver considerando adotar, implementar ou avaliar tecnologias exponenciais ou quando surgir uma novidade no mercado que possa influenciar o seu negócio. Ela é especialmente útil em ambientes de negócios dinâmicos e em rápida evolução, nos quais a tecnologia desempenha papel crucial.

SIX THINKING HATS
Método de Pensamento Crítico e Estruturado

Cada pessoa tem uma visão de mundo, isso é fato. Uma visão única baseada na interpretação do que cada um vê, vive e experiencia. Assim, eu tenho uma, você que está me lendo agora tem outra e por aí vai.

Imagine o resultado quando unimos várias visões diferentes em torno de um mesmo problema? Cada uma delas pode contribuir de uma maneira diferente, ampliando a resolução de maneira criativa, estruturada e inovadora.

É dessa maneira que funciona o *Six Thinking Hats*, criado por Edward de Bono. É uma técnica de pensamento paralela que busca explorar diferentes perspectivas e modos de pensar, com o objetivo de melhorar a tomada de decisões e a resolução de problemas. A ideia é que os participantes "coloquem" diferentes chapéus (cada um representando um modo de pensar) para considerar uma situação ou desafio sob múltiplas óticas.

Portanto, ao fazer parte do *Elo 4: Desenvolvimento* da Mandala da Inovação, a metodologia *Six Thinking Hats* tem o objetivo de validar conceitos desenvolvidos por meio de diferentes visões e pontos de vista. Ela é composta de seis chapéus coloridos, os chapéus do pensamento, e cada um representa uma perspectiva:

- **Chapéu branco:** FATOS. Informações conhecidas. Este é neutro e objetivo.

- **Chapéu vermelho:** SENTIMENTOS. Emoções positivas e negativas com base em intuição ou palpite. Nele é permitido compartilhar medos, emoções, desgostos e até mesmo ódios.

- **Chapéu verde:** IDEIAS. Visão calcada em criatividade, possibilidades e alternativas. É o momento de expressar novos conceitos e novas percepções.

- **Chapéu amarelo:** BENEFÍCIOS. Momento de avaliar o valor da situação de maneira otimista.

- **Chapéu preto:** CRÍTICAS. É o chapéu do gerenciamento de problemas, lidar com os riscos, os obstáculos e as críticas com cautela.

- **Chapéu azul:** CONTROLE. É usado para controlar e organizar o processo.

Essa metodologia é interessante pois permite fomentar um paralelo de diferentes visões de uma mesma questão. Assim, permite que as pessoas que participam do processo vejam os problemas de múltiplas perspectivas, minimizando conflitos e maximizando a colaboração para ter resultados significativos em menos tempo. Veja a seguir algumas situações ideais para o uso do *Six Thinking Hats.*

1. **Tomada de decisões complexas.** Permitir que pessoas ou equipes considerem diferentes perspectivas de forma estruturada, analisando riscos, benefícios, fatos e intuições antes de chegar a uma conclusão.

2. **Resolução de problemas.** Facilitar a exploração criativa e estruturada de soluções em problemas complexos, evitando a limitação a um único ponto de vista e promovendo a Inovação.

3. **Sessões de *brainstorming*.** Enriquecer o *brainstorming* ao incentivar diferentes formas de pensar, como a criatividade com o Chapéu verde e a avaliação de riscos com o Chapéu preto.

4. **Melhoria de processos.** Analisar todos os aspectos do processo de revisar ou melhorar processos; desde a eficiência e os resultados até as emoções e o moral da equipe envolvida.

5. **Discussões em grupo ou reuniões.** Organizar discussões com opiniões divergentes, promovendo uma análise estruturada e menos emocional, facilitando o consenso entre os participantes.

6. **Desenvolvimento de estratégias.** Explorar de maneira ampla as implicações de decisões estratégicas da equipe, considerando consequências, benefícios e barreiras emocionais ou culturais.

7. **Análise de riscos.** Auxiliar a equipe a avaliar riscos e oportunidades antes de implementar uma nova ideia, usando o Chapéu preto para riscos e o Chapéu amarelo para benefícios.

É a metodologia ideal para qualquer situação em que é necessário pensamento estruturado, equilibrado e criativo, tanto em reflexões individuais quanto em discussões em grupo, facilitando uma análise mais completa e decisões mais bem fundamentadas.

Pode ser usado individualmente, permitindo reflexão profunda e autoconhecimento, porém pode limitar a diversidade de ideias, ficando restrito aos próprios vieses e experiências. Já quando utilizado em grupo, promove diversidade de ideias, colaboração e sinergia, enriquecendo as soluções. Funciona como um facilitador que ajuda a manter o foco, apesar do potencial de conflitos, que, se bem gerenciados, podem aprofundar as discussões. Dicas para o sucesso em grupo:

- **Respeito ao processo:** use cada chapéu separadamente, e os participantes devem se concentrar apenas na perspectiva do chapéu em uso.

- **Tempo de discussão:** estabeleça um tempo para cada chapéu, garantindo, assim, que todas as perspectivas sejam exploradas adequadamente.

Six Thinking Hats® by Edward de Bono

Método de Pensamento Crítico e Estruturado

Nome: | **Projeto:** | **Data:** | **Versão:**

Situação / Problema / Projeto a ser analisado

CHAPÉU BRANCO

FATOS
Relatar fatos e informações relacionados à situação, neutro e objetivo

- Informações
- Fatos
- Dados

Comentários:

CHAPÉU VERMELHO

SENTIMENTOS
Emoções positivas e negativas relacionadas à situação

- Emoções
- Sentimentos
- Palpites
- Intuição

Comentários:

CHAPÉU VERDE

IDEIAS
Momento de criatividade, de sugestões, opções e alternativas

- Criatividades
- Evolução
- Novas ideias
- Opções

Comentários:

CHAPÉU AMARELO

BENEFÍCIOS
Buscar de forma otimista o valor da situação, os benefícios

- Benefícios
- Lógica
- Visão positiva
- Viabilidade

Comentários:

CHAPÉU PRETO

CRÍTICAS
Cuidado, pessimismo, o advogado do diabo

- Crítica
- Riscos
- Obstáculos
- Cautela

Comentários:

CHAPÉU AZUL

CONTROLE
Usado pelo facilitador para controlar e organizar o processo

- Vista aérea
- Facilitação
- Processo

Comentários:

CONCLUSÕES:

166 A MANDALA DA INOVAÇÃO

PASSO 01 Preencha o campo da esquerda com a situação, problema ou projeto a ser analisado.

Inicie pelo chapéu branco ou pela cor que lhe parecer mais intuitiva. Anote no campo "Comentários" todas as reflexões que você ou o grupo tiveram. Repita o processo até completar os "Comentários" de todos os chapéus. **PASSO 02**

PASSO 03 Após completar o ciclo dos chapéus, faça um resumo das suas observações e anote no campo "Conclusões" as percepções e decisões a serem tomadas.

Estudo de caso

Nathalia Favaro é cofundadora do Guinzo Soluções em Sistemas de Gestão ERP. A especialidade da empresa é atender comércio de revenda de produtos e serviços com emissão de notas fiscais, controle de estoque, fluxo de caixa e outras funcionalidades. Completando dez anos de fundação, a empresa está passando por mudanças, e Nathalia está saindo do operacional e migrando para a parte estratégica do negócio. Além do desafio da própria transição, ela ainda lida com uma equipe em formação. Para treinar essas pessoas, ela usou a metodologia *Six Thinking Hats*, distribuindo cada chapéu para um colaborador.

Six Thinking Hats® by Edward de Bono

Método de Pensamento Crítico e Estruturado

	Nome:	Projeto:	Data:	Versão:
	Nathalia Favaro	Aumento faturamento Guinzo, estruturação de vendas	27/11/2023	2023_11_V_01

CHAPÉU BRANCO — FATOS
Relatar fatos e informações relacionados à situação, neutro e objetivo
○ Informações ○ Fatos ○ Dados

Comentários: 345 Componentes catalogados / 164 configurações / Vários tipos de processos de venda (somente revenda (Emissão Nfe e Nfce (PDV), revenda + serviços (Nfe, Nfce e NFSe), venda produtos combinados e venda produtos similares.

CHAPÉU VERMELHO — SENTIMENTOS
Emoções positivas e negativas relacionadas à situação
○ Emoções ○ Sentimentos ○ Palpites ○ Intuição
Guilherme

Comentários: Visão pelo Guinzo: Ansiedade em querer mostrar nosso potencial, devemos mostrar confiança ao cliente. Visão pelo cliente: Ele tem que nos mostrar sua dor na gestão e confiar no processo de compra da implantação do sistema, porque ele não gosta de mudanças.

CHAPÉU VERDE — IDEIAS
Momento de criatividade, de sugestões, opções e alternativas
○ Criatividades ○ Evolução ○ Novas ideias ○ Opções
Nathalia

Comentários: Montar raio x da empresa, desenvolver trilha de conhecimento para o cliente conforme sua fase de organização e maturidade, exibir em videos e tentar materializar o sistema que é intangível, pedir aos clientes prova social em vídeo.

CHAPÉU AMARELO — BENEFÍCIOS
Buscar de forma otimista o valor da situação, os benefícios
○ Benefícios ○ Lógica ○ Visão positiva ○ Viabilidade
Giovanna

Comentários: Mostrar para o cliente nossos valores/missão. Focar em cada passo e colocar em prática. Estabelecer objetivo, não alterar rapidamente conforme um desafio, ou seja, ter mais dados para uma alteração de direcionamento.

CHAPÉU PRETO — CRÍTICAS
Cuidado, pessimismo, o advogado do diabo
○ Crítica ○ Riscos ○ Obstáculos ○ Cautela
Lívia

Comentários: Ser mais direcional nas tarefas a serem executadas, estabelecer um foco de cada vez. Sabemos que temos várias atividades com equipe reduzida, fazer um segmento por vez, e a comunicação irá fluir.

CHAPÉU AZUL — CONTROLE
Usado pelo facilitador para controlar e organizar o processo
○ Vista aérea ○ Facilitação ○ Processo
Bianca

Comentários: Desafios externos e frustrações fazem parte da vida e estamos em transformação, precisamos organizar as atividades por prioridade e focar em um passo de cada vez. Montar a Jornada do Cliente x trilha de Implantação e começar por 1 segmento.

Situação / Problema / Projeto a ser analisado

Apresentação Comercial Geral do Guinzo
Separar os produtos (sistemas) por público-alvo
Venda Comercial dos Sistemas

CONCLUSÕES: Essa atividade foi construída na visão de cada pessoa e os textos são um resumo da jornada dessa dinâmica. Tiramos muitos ensinamentos e a atividade durou 2 horas, porque cada um escreveu sua visão, nós apresentamos a visão para o grupo e cada visão deu sua opinião com base no chapéu representado. Então houve uma troca de percepções e sem querer se tornou uma reunião de base de expectativas e alinhamento da equipe. Nossa conclusão é aumentar nossa CONFIANCA se estamos no caminho certo, ACREDITAR que temos potencial em competir nesse mercado competitivo, FAZER ACONTECER porque temos experiência e sabemos do impacto que temos em nossos clientes. Somente fazer nossa lista de atividades e deixar claro a função e um objetivo por vez, controlar nossa ansiedade no processo.

168 A MANDALA DA INOVAÇÃO

A metodologia *Six Thinking Hats* deve ser usada sempre que houver um problema a ser resolvido ou um projeto a ser implementado. Como ela tem a finalidade de mostrar diferentes visões, aconselho que a utilize também no desenvolvimento de lideranças, na melhoria de produtos e processos, na tomada de decisões ou qualquer outra situação que envolva alta performance em pensamento e a necessidade de pensamento coletivo e colaboração. Com essa metodologia, você finaliza o *Elo 4: Desenvolvimento*.

Vamos recapitular: você começou com a metodologia *Canvas AVI*; depois, com a metodologia *Expo SWOT Canvas*, analisou a proposta de valor única de acordo com o que o mundo oferece de tecnologias exponenciais e, nesta última metodologia, a *Six Thinking Hats*, colocou pessoas para ter visões distintas sobre a mesma situação. Eu sei que é um processo longo e até exaustivo de validação de ideias, mas ele é necessário para que você erre menos e acerte mais.

Seguimos em frente que o próximo elo vai falar sobre pitch. Já pensou em como apresentar o seu projeto?

Capítulo 9
ELO 5: PITCH

Saiba fechar com chave de ouro,
seja excepcional em todos os momentos
e melhor ainda na entrega.
Fernando Seabra

Julia é uma empreendedora que criou uma marca de roupas infantis. Ela usa tecidos feitos por uma tecnologia única, o que torna o seu produto diferenciado. Segundo ela, não há nada parecido no mercado nacional. O negócio vai bem, o *valuation* da empresa é alto, mas ela quer expandi-la. Para isso, buscou um investidor no mercado que se interessou pela proposta e pediu a ela que apresentasse a empresa para a diretoria.

Só de pensar na situação, Julia treme. Ela sabe do potencial do negócio, conhece em detalhes todos os números da operação, mas não se sente segura para se apresentar a essas pessoas.

Julia, na verdade, é um personagem que representa muito bem grande parte da sociedade empreendedora ou não, que tem pavor de falar em público. Algumas pesquisas indicam que esse medo atinge 60% da população,[41] outras falam em 75%,[42] uma

---

[41] MEDO de falar em público atinge 60% da população. **Tribuna Online**, 14 nov. 2022. Disponível em: https://tribunaonline.com.br/jornal-reportagem-especial/medo-de-falar-em-publico-atinge-60-da-populacao-127915?home=pernambuco. Acesso em: 22 ago. 2024.

[42] HANSON, J. 9 passos para transformar o medo de falar em público em uma superpotência a seu favor. **Forbes**, 25 ago. 2023. Disponível em: https://forbes.com.br/carreira/2023/08/9-passos-para-transformar-o-medo-de-falar-em-publico-em-uma-superpotencia/. Acesso em: 22 ago. 2024.

delas, inclusive, mostra que o medo de falar em público supera até mesmo o medo da morte.[43] Embora esses números não representem a população de maneira geral, pois as pesquisas foram feitas em grupos específicos, o que fica evidente é que existe, sim, um incômodo real muito grande na hora de se apresentar e expor ideias.

Como empreendedor, você precisa desenvolver essa habilidade. Pode ser que um dia seja convidado para apresentar o seu negócio a uma banca de investidores, como foi com a nossa personagem Julia, ou tenha de apresentar o seu *case* de sucesso. Ser dono do próprio negócio envolve fatores que vão além da gestão, entre eles, a capacidade de comunicação.

Acredite: eu sei que não é fácil. Ainda não contei neste livro, mas sou ex-gago. Até os 20 anos, passei por várias situações que me impediam de me comunicar com facilidade. Até mesmo responder "presente" durante a chamada na escola era um desafio. Mantendo-me o tempo todo em harmonia entre a minha respiração, a minha mente e o meu físico, aprendi a administrar essa dificuldade.

Ingrid Gielow, ex-vice-presidente da Sociedade Brasileira de Fonoaudiologia, afirma que a superação da minha gagueira me ajudou a desenvolver habilidades de comunicação valiosas e uma abordagem empática em relação aos desafios dos outros. Para ela, ao consolidar minha experiência na metodologia *Pitch Canvas*, encontrei uma solução para estruturar ideias de maneira clara e objetiva, que se tornou útil tanto no empreendedorismo

---

[43] MEDO de falar em público é maior do que da morte, diz estudo. **Mackenzie**, 25 fev. 2019. Disponível em: https://www.mackenzie.br/noticias/artigo/n/a/i/medo-de-falar-em-publico-e-maior-do-que-da-morte-diz-estudo. Acesso em: 22 ago. 2024.

quanto em minhas palestras, e isso me transformou em um belo exemplo de sucesso nessa jornada de superação e consolidação.

Hoje, sou apresentador de TV, palestrante profissional e fui embaixador da fluência da Sociedade Brasileira de Fonoaudiologia. Então eu me considero a melhor pessoa que eu conheço para falar deste assunto e ensinar que é possível fazer um pitch ideal, tema do *Elo 6: Pitch* da Mandala da Inovação.

O pitch é uma das ferramentas mais importantes para empreendedores de todas as áreas. Ele consiste em uma apresentação concisa e direta sobre um projeto, produto ou serviço, com o objetivo de conquistar o interesse de investidores, parceiros estratégicos ou clientes em potencial.

A habilidade de fazer um pitch eficaz faz toda a diferença para o sucesso de uma empresa, já que é uma oportunidade única de transmitir de forma direta e rápida a visão, os objetivos e as vantagens competitivas de sua proposta de negócio.

Além disso, pode abrir portas para novas oportunidades, atrair investidores, aumentar a visibilidade da marca e garantir a fidelidade dos clientes. Ele é uma ferramenta de trabalho para o empreendedor, mas como é bem curto, a maneira como você conta a sua história faz toda a diferença.

COMO VOCÊ CONTA A SUA HISTÓRIA?

Dizem que, certa vez, um amigo do poeta Olavo Bilac queria vender um sítio que lhe dava muito trabalho e despesa e que não valia a pena conservá-lo. Pediu então ao amigo Bilac que redigisse o texto do anúncio da venda do sítio, pois acreditava que, se o poeta descrevesse a propriedade com palavras bonitas, seria mais fácil vendê-la. Pouco depois, Bilac chega com o seguinte texto:

"Vende-se encantadora propriedade onde cantam pássaros ao amanhecer no extenso arvoredo. É cortada por cristalinas e refrescantes águas de um ribeiro. A casa, banhada pelo sol nascente, oferece a sombra tranquila das tardes na varanda."

Meses depois, o poeta encontrou o amigo e perguntou se tinha vendido o sítio. A resposta foi surpreendente: "nem pensei mais nisso. Quando li o anúncio que você escreveu, percebi a maravilha que eu possuía". Não sei se a história é verdadeira, mas serve para mostrar que a maneira como contamos uma narrativa pode mudar completamente a percepção que as pessoas têm das situações. Se o sítio dava somente despesa e o proprietário não tinha razões para ficar lá, Olavo Bilac enxergou beleza no local e fez um anúncio que detalhava essa percepção.

Há outra história que eu acho bem interessante. Eu recebi um vídeo pelas redes sociais em que uma pessoa com voz melancólica lê a seguinte história: "Minha esposa e eu estamos desempregados. Minha mãe morreu em um acidente de trânsito. Temos três filhos e moramos todos na casa da minha avó que faleceu nestas semanas que se passaram. Por causa disso, meu pai de 73 anos vai ter que trabalhar. Assinado: William, Príncipe de Gales".

Mais um exemplo que mostra que a maneira como você conta uma história muda toda a percepção sobre o assunto. Toda história é interessante, mas depende de como ela é contada. Você tem de envolver as pessoas a ponto de elas focarem somente você e se interessarem pela maneira como está contando a sua narrativa.

Em um pitch de três minutos, em quanto tempo você acredita que eu já consigo ter uma boa noção se o negócio vale ou não a pena? E eu respondo: impressionantes 15 segundos. Menos tempo do que você demorou para ler este parágrafo. Se você não prender a atenção do outro lado muito rapidamente, o ouvinte perde o interesse.

Certa vez, eu estava avaliando *cases* para um reality show de empreendedorismo, e uma das apresentações foi péssima. A pessoa falou demais, não conseguiu despertar a atenção de quem estava lá. Isso é um risco para o seu negócio. Se ninguém prestar atenção em você, como vão se interessar em investir no seu produto? Lembro-me de que, ao final do pitch, falei:

"Eu tenho duas notícias para lhe dar. Uma ruim e uma boa. A ruim é que esse é um dos piores pitchs que eu já escutei na minha vida. A boa é que seu negócio tem potencial. Então, vamos aprender a nos apresentar?"

O empreendedor, de maneira extremamente técnica e acadêmica, me apresentou o projeto de um agrotóxico biológico, um produto agrícola que utiliza organismos vivos ou substâncias naturais para controlar pragas e doenças. Eu disse a ele:

"Posso dar uma ideia para você iniciar o seu pitch e atrair a atenção da forma correta?"

"Claro", ele disse.

Então eu sugeri:

"Vocês têm noção de quantas crianças perdem a vida todos os anos no mundo por trabalharem em fábricas ilegais de agrotóxicos? O meu projeto tem como objetivo reduzir drasticamente essa taxa de mortalidade global."

Uma frase apenas, mas que chama a atenção dos ouvintes e faz muita diferença na sua apresentação. Mas como se faz um bom pitch? Bom, antes de responder a essa pergunta, eu vou dizer como não se faz um pitch. Preste atenção nas mensagens que recebi pelas minhas redes sociais:

> Boa tarde,
> Eu tenho uma plataforma xxxxxxxxx vi que é um investidor. Estou à procura de investimento.
> Obrigado.

> enviou as seguintes mensagens em 15:58
> Vou ser objetiva... Tudo está pronto ... tudo. A pergunta é:
> Para conseguir investimento tenho que botar para funcionar?
> Pq estou decepcionada com a parte da tal incubação... Minha idéia é funcional e rentável, todos acham sensacional e eu sei que é.. pq é simples... É uma mistura de
> Tem futuro!
> Mas eu tenho que tirar dinheiro do meu bolso para colocar em prática meu plano de ação, para gerar receitar e só assim conseguir investimento? A outros falaram isso....
> Eu entendi que aqui no Brasil funciona assim... Estou errada? Tem outra possibilidade?

> Quero saber se é só isso que eu posso fazer... pegar meu app à unha e meter meu dinheiro para depois ter atenção de alguma "criatura" com recursos?....

Qual é a chance de me interessar por essas mensagens e respondê-las? Zero, com certeza. Eu recebo várias mensagens desse tipo quase todas as semanas. Esses são dois exemplos do que não se faz.

Outra situação que já vivi várias vezes é quando alguém chega falando que não teve tempo para preparar a apresentação e, no fim, faz um pitch incrível. A primeira impressão que ela passou foi o desrespeito comigo e com os outros avaliadores, pois não havia se preparado. A partir daí, nós já perdemos o interesse. Para quem está avaliando, é melhor ouvir uma pessoa preparada mas que está nervosa e que trava no pitch, do que uma pessoa que mostra desrespeito e descaso.

Mas existe um caminho para chegar a essa apresentação perfeita, e eu vou mostrar para você a seguir. Assim, você vai cobrir todos os pontos necessários para convencer investidores, parceiros ou clientes.

PITCH CANVAS
Template para construção do Pitch Ideal

Com o objetivo de preparar empreendedores, criei a metodologia *Pitch Canvas*, que auxilia empreendedores a fazer o pitch ideal. Com ela, é possível organizar, em um mesmo campo visual, as informações relevantes para um pitch bem-sucedido, permitindo que o empreendedor se prepare adequadamente e transmita suas ideias de forma clara e objetiva.

O *Pitch Canvas* pode ser um diferencial importante para negócios que buscam se destacar e conquistar investidores, parceiros e clientes. Ele é composto de:

Dor

Dor é o problema que o seu negócio se propõe a resolver. É o primeiro elemento a ser apresentado, e sua função é gerar engajamento. Comece usando expressões como: "Vocês já pensaram por que..." ou "E se vocês pudessem..." ou "E se vocês tivessem...".

Pela experiência que tenho com pitchs de três minutos, estimo que 60% dos empreendedores só deixam clara a dor que desejam resolver no segundo minuto. Isso quer dizer que eu fiquei 67% do meu tempo disponível para a avaliação sem entender o motivo pelo qual estão se apresentando.

A conscientização da dor é o início da cura. Assim, a partir do momento em que tomamos consciência da dor e do problema a ser resolvido, a cura começa a surgir. Isso porque, ao identificar a causa da dor, podemos encontrar mais facilmente a solução mais adequada para superá-la. Na vida empreendedora, essa conscientização é ainda mais importante, pois o sucesso do negócio depende da superação dos desafios e obstáculos.

A palavra cura tem sua origem no grego *therapeía*, que significa "cuidado, tratamento". Desde a Grécia Antiga, o conceito de cura esteve relacionado à saúde do corpo e da mente. Na medicina, ela é resultado do tratamento adequado de uma doença ou condição médica que leva à recuperação do paciente. No empreendedorismo, esse tratamento pode ser visto como a aplicação de estratégias e ações para solucionar a dor do cliente e alcançar o sucesso. Sendo assim, o *Pitch Canvas* é uma ferramenta ideal para empreendedores apresentarem essa cura.

Autoridade

Para ter autoridade como empreendedor, é essencial entender e vivenciar o problema que se deseja resolver. Faça pesquisas, colete e analise dados relevantes e obtenha informações úteis sobre o problema em questão.

É necessário que você conheça profundamente a dor que deseja solucionar, utilizando todo o conhecimento acumulado para criar uma solução efetiva. Isso requer não apenas a habilidade de identificar o problema, mas também a de compreender as necessidades do mercado, as expectativas dos clientes e as limitações técnicas envolvidas.

Com base nesse conhecimento aprofundado, você pode consolidar sua autoridade, transmitindo confiança e credibilidade aos seus potenciais investidores e clientes. Isso aumenta a chance de desenvolver uma solução mais eficiente e bem-sucedida, que atenda às necessidades reais do mercado e gere resultados positivos.

Solução

Apresentar a solução de forma eficaz é uma das partes mais críticas do pitch, pois é o momento em que você demonstra como sua ideia ou produto resolve o problema identificado. Seguem algumas diretrizes importantes para garantir que essa parte do seu pitch seja impactante.

CLAREZA NA DEFINIÇÃO

- **Simplicidade:** explique sua solução de forma simples e direta. Evite jargões técnicos que o público talvez não entenda. A ideia é que qualquer pessoa, independentemente do histórico, possa compreender a essência da sua solução.
- **Foco:** concentre-se no aspecto central da sua solução. Não tente abordar todos os detalhes de uma só vez. Em vez disso, destaque o que realmente faz sua solução se diferenciar e de que modo ela resolve o problema de maneira eficaz.

DEMONSTRAÇÃO DE VALOR

- **Benefícios tangíveis:** mostre claramente os benefícios que sua solução entrega. Foque o modo como ela melhora a vida de quem a utiliza, resolve um grande problema e oferece uma vantagem significativa.
- **Diferenciação:** explique o que torna sua solução única em comparação a outras do mercado e por que os clientes escolheriam a sua solução em vez das alternativas existentes.

PROVA DE CONCEITO

- **Casos de uso ou exemplos:** se possível, apresente casos de uso, pilotos ou protótipos que demonstram sua solução em ação. Isso pode incluir histórias de sucesso, dados de testes ou feedbacks de clientes iniciais.
- **Resultados concretos:** se já tiver métricas ou resultados que comprovem a eficácia da sua solução, compartilhe-os. Números como aumento de produtividade, redução de custos ou melhora na satisfação do cliente podem ser muito persuasivos.

CONEXÃO COM O PROBLEMA

- **Relacionamento direto:** deixe evidente como sua solução se conecta diretamente ao problema apresentado. O público precisa entender que sua solução é a resposta natural e lógica para o desafio que você mencionou.
- **Urgência e necessidade:** explique por que sua solução é necessária agora. Existe uma mudança no mercado, uma nova legislação ou uma tendência emergente que torna sua solução particularmente relevante neste momento?

Apresentar a solução de maneira eficaz requer que você comunique claramente o valor que está entregando, garantindo que o público entenda por que sua proposta é a melhor resposta para o problema identificado.

Mercado

Apresentar o mercado de forma convincente é uma etapa crucial no pitch, pois demonstra a viabilidade do seu negócio e o potencial de crescimento da sua solução. Além de destacar o tamanho e as oportunidades, é a sua chance de demonstrar um conhecimento profundo e uma estratégia nítida para capturar a atenção dos possíveis investidores, provando que sua solução está pronta para o sucesso.

Pode até existir um problema para ser resolvido (dor), que o empreendedor conhece muito bem (autoridade) e a solução apresentada ser melhor do que a concorrência. Porém, ao analisar o mercado, pode encontrar barreiras, como o mercado ser pequeno demais para um novo entrante ou o custo de aquisição de cliente (CAC) ser alto demais no momento. A seguir, compartilho com você as diretrizes para abordar o mercado de maneira eficaz.

DEFINIÇÃO DO MERCADO-ALVO

- **Segmentação clara:** identifique e descreva claramente o segmento de mercado que você está mirando, quem são seus clientes ideais e qual é o perfil demográfico, comportamental e psicográfico deles.
- **Necessidades do mercado:** explique as necessidades específicas do segmento ao qual a sua solução atende. Conecte isso ao problema que você já apresentou, mostrando que existe uma demanda real e latente por sua solução.

TAMANHO DO MERCADO

- **TAM (*Total Addressable Market*):** apresente o TAM, ou seja, o tamanho total do mercado em que você está inserido em termos de receita potencial ou número de clientes. Isso ajuda a ilustrar o potencial máximo de crescimento.
- **SAM (*Serviceable Available Market*):** destaque o SAM, que representa a parte do TAM que você pode alcançar com sua solução atual, considerando as limitações geográficas, tecnológicas ou de distribuição.
- **SOM (*Serviceable Obtainable Market*):** mostre o SOM, que é a parcela do SAM que você espera capturar em um período específico, considerando seus recursos atuais e estratégias de mercado. Esse número deve ser realista e ter base em projeções fundamentadas.

TENDÊNCIAS DO MERCADO

- **Crescimento do mercado:** apresente as tendências de crescimento do mercado-alvo, isso pode incluir mudanças tecnológicas, regulamentares ou de comportamento do consumidor que estão expandindo ou contraindo o mercado.
- **Oportunidades e desafios:** discuta as oportunidades que essas tendências criam para sua solução e os desafios que podem surgir. Mostre que você está atento ao ambiente externo e preparado para se adaptar.

CONCORRÊNCIA E POSIÇÃO NO MERCADO

- **Mapeamento da concorrência:** apresente uma visão nítida da concorrência, mostrando quem são os principais *players* e como sua solução se diferencia da deles. Um quadro comparativo pode ser útil para mostrar seus diferenciais.
- **Posicionamento estratégico:** destaque onde sua solução se posiciona no mercado em termos de preço, qualidade, Inovação ou qualquer outro fator relevante. Explique por que ela oferece vantagem competitiva.

ACESSO AO MERCADO

- **Estratégia de penetração:** explique como planeja acessar o mercado e conquistar clientes, apresentando quais canais de distribuição, marketing e vendas você utilizará.
- **Validação de mercado:** se já tiver conquistado alguns clientes ou fechado parcerias importantes, mencione isso como prova de que existe demanda por sua solução.

PROJEÇÕES E POTENCIAL DE CRESCIMENTO

- **Projeções de receita:** mostre projeções de receita baseadas no SIM (Sistema Integrado de Monetização) e no crescimento esperado do mercado. Elas devem ser fundamentadas em dados reais e estudos de mercado.
- **Expansão de mercado:** indique como você planeja expandir para novos segmentos de mercado ou geografias no futuro. Isso pode incluir novos produtos, serviços ou inovações que vão aumentar sua fatia no mercado (*market share*).

Monetização

Essa é a maneira como a receita será gerada, inclusive para manter o funcionamento de sua ideia ou negócio. Para facilitar essa análise, eu criei o SIM, composto de quatro elementos:

- **Modelo de público:** para quem será vendido.
- **Modelo de negócios:** como será vendido.
- **Modelo de receita:** como o cliente paga.
- **Modelo de canal de vendas:** como chegar até o cliente.

Na imagem a seguir, você verá algumas possibilidades para cada um desses elementos.

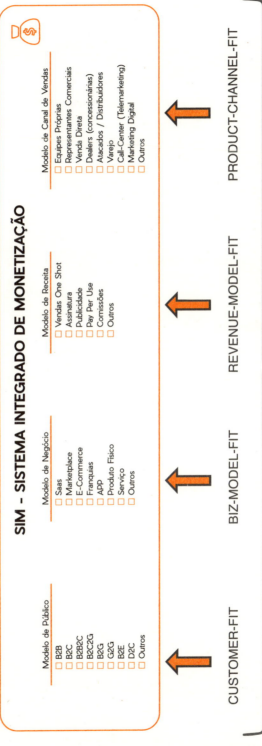

ELO 5: PITCH **185**

A validação desses quatro elementos do SIM é o tão famoso e desejado *Product-Market-Fit* (PMF) ou Ajuste do Produto ao Mercado, conceito crucial no desenvolvimento de negócios e novos produtos. É quando estes atendem às expectativas dos consumidores, mas também geram uma demanda consistente e crescente, mostrando que há um alinhamento claro entre o que o produto oferece e o que o mercado deseja ou precisa.

O PMF indica que o produto encontrou um público que vê valor nele, está disposto a comprá-lo e geralmente leva ao crescimento acelerado da empresa, uma vez que ele provou ser viável e desejado no mercado.

Fases da startup

Quando o projeto for uma startup, deixar claro a fase em que se encontra é fundamental por várias razões estratégicas, pois cada uma delas representa o progresso desde a concepção da ideia até a maturidade no mercado, por isso é tão importante saber e esclarecer onde se encontra o seu projeto. São elas:

DEMONSTRAÇÃO DE PROGRESSO E REALIZAÇÕES

- **Credibilidade:** mostrar as fases percorridas, como validação da ideia e lançamento, demonstra progresso estruturado e que o seu projeto vai além de uma ideia conceitual.
- **Conquistas:** cada fase concluída, como o desenvolvimento do MVP e parcerias estratégicas, representa conquistas que fortalecem a confiança de investidores e parceiros.

GESTÃO DE RISCOS

- **Identificação de desafios superados:** destacar fases e desafios superados demonstra que o projeto está preparado para enfrentar obstáculos e se adaptar, reduzindo o risco percebido pelos investidores.
- **Previsibilidade:** mostrar um planejamento explícito para as fases futuras, como expansão de mercado e novos produtos, oferece previsibilidade e mitiga incertezas.

PLANEJAMENTO ESTRUTURADO

- *Roadmap* **para o futuro:** apresentar as fases planejadas, com metas de curto e longo prazos, oferece uma visão nítida dos estados atual e futuro da empresa, incluindo crescimento, expansão de mercado e financiamento.
- **Alinhamento estratégico:** demonstra que a equipe tem visão explícita do caminho a ser percorrido e está alinhada com os objetivos estratégicos da empresa.

ATRAÇÃO DE INVESTIDORES E PARCERIAS

- **Pontos de entrada:** ajuda a identificar o ponto de entrada ideal para investidores e parceiros em diferentes estágios de desenvolvimento.
- **Captação de recursos:** demonstrar a fase em que se encontra, como crescimento ou escalabilidade, facilita a captação de recursos ao dar clareza sobre a alocação de capital.

VISÃO DE LONGO PRAZO

- **Sustentabilidade:** comunica que o projeto tem um plano de crescimento sustentável no longo prazo, além de ser uma solução de curto prazo.

- **Inovação contínua:** indica as fases futuras, como novos produtos ou expansão, destaca o compromisso com a Inovação contínua e o crescimento.

Oportunidade

Utilize este item quando o projeto for apresentado a investidores. Mostrar que ele é uma grande oportunidade não somente atrai o interesse inicial, mas também os convence de que seu projeto vale o risco, que se alinha com os objetivos deles e oferece um potencial significativo de retorno.

Saiba de quanto capital você precisa, quanto *equity*[44] está disposto a oferecer e apresente a lista de investidores anteriores (caso tenha). Esse será, com certeza, um importante cartão de visita. Por fim, mostre ao investidor onde esses recursos serão utilizados. Aqui estão os principais motivos pelos quais isso é crucial:

- **Construção de confiança:** detalhar a utilização dos recursos demonstra transparência e constrói confiança, mostrando que você tem um plano definido e usará o capital de forma responsável.

- **Justificativa do valor solicitado:** um plano de alocação de recursos bem fundamentado justifica o valor solicitado, o que ajuda a entender a necessidade do montante para atingir metas e gerar crescimento e retorno.

---

[44] *Equity* é a participação societária em uma empresa. (N.E.)

- **Demonstração de planejamento:** demonstrar a utilização dos recursos evidencia um planejamento detalhado e eficaz na gestão financeira, transmitindo competência na alocação de capital.

- **Mitigação de riscos:** mostra que você identificou áreas críticas e está preparado para enfrentar desafios, o que mitiga riscos e aumenta a confiança na viabilidade do projeto.

- **Alinhamento de expectativas:** explicar a alocação de recursos ajuda a alinhar as expectativas entre empreendedor e investidor, evitando mal-entendidos futuros.

- **Avaliação do potencial de retorno:** demonstrar o Retorno sobre o Investimento (ROI) permite ao investidor avaliar o potencial de retorno, ligando o uso do capital a metas de crescimento e receita.

- **Demonstração de competência:** mostra a capacidade efetiva da equipe na execução do plano de negócios, reforçando a confiança do investidor na capacidade do empreendedor em atingir seus objetivos.

- **Planejamento de futuras rodadas:** facilitar o planejamento de futuras rodadas demonstra como o capital atual será usado para atingir marcos e quando novos recursos serão necessários.

O seu pitch deve atingir dois objetivos simultâneos: demonstrar a maior viabilidade possível e o menor risco possível. Se não atingir um dos dois objetivos, descarte as informações irrelevantes e refaça-o. Conforme demonstrei, pitch não é fazer uma apresentação bonita com alguns dados da empresa e a explicação de cada um deles. Pois não basta falar, é preciso se comunicar. Você deve falar pouco e comunicar muito e fazer isso afinando cada vez mais a sua entrega.

Mas afinal o que é comunicação? É o que falamos? As palavras que dizemos? Gestos que fazemos? Olhar que temos? Comunicação não é aquilo que dizemos, mas sim a percepção dos outros sobre aquilo que dizemos.

Por isso, todo pitch tem uma lógica a ser seguida, com começo, meio e fim. Esse é o maior motivo pelo qual digo que nós não construímos um pitch; nós o desenhamos. E jamais cometa o erro de repetir um pitch. Mesmo que o assunto, o objetivo e a apresentação sejam os mesmos, entenda os interesses e a tese de investimento do ouvinte e personalize a sua apresentação.

Com o seu pitch desenhado, avalie também quem é a melhor pessoa na empresa para quem apresentá-lo. Acredite: nem sempre o fundador é a melhor pessoa. Avalie quem na equipe se sente à vontade nesse papel. Pode ser uma pessoa da comunicação, pode ser o cofundador etc., o importante é ser alguém que represente bem o negócio, desde que, claro, faça parte dele.

O pitch é a representação do seu negócio e o seu futuro em poucos minutos. Use esse tempo para passar informações relevantes e esteja bem-preparado para as perguntas que serão feitas.

Agora que você já entende a importância de desenhar o pitch ideal e dos itens que o compõem, chegou o momento de colocar tudo no papel para visualizar a sua apresentação. Veja a seguir a metodologia *Pitch Canvas*.

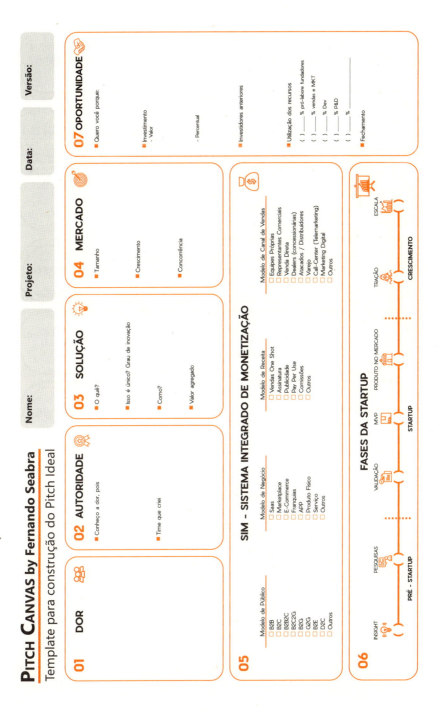

PASSO 01 No campo 1, Dor, escreva o problema que seu negócio se propõe a resolver. Tente gerar interesse, curiosidade e engajamento. Mostre que existe um problema real a ser resolvido.

No campo 2, Autoridade, demonstre sua autoridade sobre o problema a fim de transmitir confiança e credibilidade, destacando como você e sua equipe vivenciaram, pesquisaram e estudaram o problema. **PASSO 02**

PASSO 03 No campo 3, Solução, considere as diretrizes mencionadas neste capítulo. Escreva sua solução de forma simples e evidente, reforçando sua autenticidade.

No campo 4, Mercado, considere as diretrizes mencionadas neste capítulo, mostre que o mercado realmente existe e que é relevante. **PASSO 04**

PASSO 05 No campo 5, SIM – Sistema Integrado de Monetização, deixe claro que você validou os itens do SIM e quais são eles, atingindo – ou em vias de atingir **o PMF – Product-Market-Fit.**

No campo 6, Fases da Startup, considere as diretrizes mencionadas neste capítulo. Seja simples e honesto quanto à fase em que seu projeto se encontra. **PASSO 06**

PASSO 07 No campo 7, Oportunidade, mostre seu interesse no smart money, aquele investimento que agrega experiência, conhecimento, conexões valiosas e apoio estratégico.

Seja transparente quanto ao capital de que precisa, o percentual que está disposto a ceder em troca deste investimento e a forma de utilização dos recursos. Apresentar quem já investiu no seu negócio é um diferencial competitivo.

Comunicação não é aquilo que dizemos, mas sim a percepção dos outros sobre aquilo que dizemos.

@fernando.seabra

Finalize com uma frase que faça com que o investidor se convença de que o seu projeto é onde ele quer colocar tempo, esforço e capital. Aqui você deixa de se vender para querer ser comprado. Termine com um *call to action* (CTA),[45] que pode ser algo como "Venha junto comigo diminuir a mortalidade infantil no mundo!".

Após a sua apresentação, chegou a hora crucial da sessão de perguntas e respostas (Q&As) com os avaliadores e/ou investidores e a visão que eles podem ter do seu negócio. Essa, sim, é a verdadeira hora de enfrentar os tubarões.

Visão dos Investidores

A seguir, quero mostrar a você as principais perguntas que os investidores e/ou avaliadores fazem — seja em reality shows ou na vida real. Uma coisa que eu acredito ser importante pontuar é que, nos reality shows, por questão de tempo televisivo, nem tudo vai ao ar. Os participantes muitas vezes passam um longo tempo respondendo a essas perguntas. Portanto, não tenha medo, esteja preparado! Tenha em mente que você deve saber responder a essas perguntas com propriedade, afinal, você os chamou para a ação, e eles querem saber no que estão se metendo.

- **Sua empresa já recebeu investimentos? Se sim, quando, quanto, de quem e por quanto tempo?**
- **Qual é o *valuation* atual?**
- **Quanto está buscando nesta rodada de investimento?**
- **Como serão utilizados os recursos desta rodada de captação?**

---

[45] CTA é uma chamada de ação, como se convocasse o ouvinte a realizar uma ação. (N.E.)

- O que faz os usuários evitarem utilizar seu produto/serviço?
- Quais são as maiores conquistas do seu produto/serviço?
- O que você aprendeu com as primeiras versões do seu produto/serviço?
- Quem seria a sua próxima contratação?
- Quantos funcionários a empresa tem no momento?
- Qual é a sua especialidade (o seu papel no negócio)?
- Qual é o custo de aquisição do seu cliente (CAC)?
- Quando terei retorno do meu investimento?
- Como você define sucesso para você e sua empresa?
- Quais são os principais marcos do produto?
- Quais são os principais diferenciais competitivos do seu produto/serviço?
- Quão fácil será replicar a sua tecnologia?
- Quem pode se tornar seu concorrente?
- Por que uma grande corporação não constrói algo assim?
- O que você entende que outros não entendem?
- Quais são as principais métricas que a gestão enfatiza?

Agora que você aprendeu a preencher seu *Pitch Canvas* e sabe as principais perguntas que os investidores fazem, pesquise e tenha as respostas na ponta da língua (escreva e leve-as impressas). Não há problema nenhum em consultá-las, caso você não saiba de cabeça. Você pode parecer nervoso, mas não pode parecer despreparado — os investidores sabem disso, não se preocupe. Há, no entanto, alguns sinais para os quais preciso alertá-lo para evitar que seu investidor desista da sua empresa.

São eles:

- **Sinal amarelo:**
  » O fundador da empresa não ter time/equipe complementar.
  » Apresentar paixão pelo projeto, e não pelo problema.
  » Mostrar métricas ruins (*churn*[46] alto, LTV/CAC ruim etc.).
  » Demonstrar desconhecimento sobre os números da empresa.
  » Apresentar *valuation* alto demais.

- **Sinal vermelho:**
  » Apresentar-se com arrogância.
  » *CapTable*[47] bagunçado.
  » Desespero pela rodada de captação.
  » Fundadores que não se dedicam à empresa em tempo integral.
  » Sem mercado relevante.

Estudo de caso

Como exemplo, mostro o *Pitch Canvas* do Eden Carlos de Jesus, que tem uma plataforma de *fitness* holístico, a Immerse Yourself, e foi meu mentorado. Essa empresa apresenta um negócio inovador, pois integra treinamento físico, desenvolvimento mental e inteligência emocional dentro de um ambiente digital.

---

[46] *Churn* representa a taxa de cancelamento ou perda de clientes que uma empresa enfrenta em um determinado período. Um *churn* alto é um sinal preocupante para a empresa (N.E.).

[47] *CapTable* é um documento que oferece uma visão geral da estrutura de capital acionário da empresa, com informações como o número de ações que cada acionista detém, a porcentagem de propriedade de cada um deles ou algumas preferências sobre o patrimônio empresarial (N.E.).

Pitch Canvas by Fernando Seabra

Template para construção do Pitch Ideal

Nome: Eden Carlos de Jesus
Projeto: IMMERSE YOURSELF
Data: 02/07/2024
Versão: 1

01 DOR

- **Falta de Personalização:** Programas de fitness não se ajustam às necessidades individuais e rotinas variadas.
- **Acesso Limitado a Treinos de Qualidade:** Difícil encontrar treinos diversificados e de alta qualidade, especialmente com horários irregulares ou em áreas remotas.
- **Abordagem Fragmentada:** Ausência de uma plataforma integrada que combine fitness, desenvolvimento mental e inteligência emocional.
- **Dificuldade em saúde:** A maioria dos programas focam somente na estética.
- **Falta de Comunidade e Suporte:** Carência de um espaço social que motive e apoie os usuários em suas jornadas fitness.

02 AUTORIDADE

- **Conheço a dor, pois**
  Experiência de Mercado: Mais de 20 anos no setor fitness e bem-estar, com prêmios e reconhecimento nacional e internacional.
  Pesquisa e Análise de Dados: Pesquisas sobre tendência, necessidade e expectativa do mercado, incluindo feedback de usuários.
- **Time que criei**
  Parcerias Estratégicas: Colaborações com profissionais renomados e influenciadores em fitness, nutrição e bem-estar mental para conteúdo e validação do projeto.
  Inovação Tecnológica: Desenvolvimento de uma plataforma avançada que integra personalização, flexibilidade e suporte social, com profundo entendimento técnico das necessidades do mercado.

03 SOLUÇÃO

- **O quê?**
  IMMERSE, uma plataforma fitness holístico que integra treinamento físico, mental e emocional em um único ambiente digital.
- **Isso é único? Grau de inovação**
  Combinação de personalização, abordagem holística e comunidade online é inovadora no mercado fitness, introduzindo um novo modelo que integra saúde integrativa além dos serviços existentes.
- **Como?**
  Tecnologia avançada para personalização, conteúdo de alta qualidade e uma plataforma intuitiva para facilitar o acesso e a interação.
- **Valor agregado**
  Melhora na saúde física, mental e emocional, oferecendo uma experiência integrada e enriquecedora para os usuários.

04 MERCADO

- **Tamanho**
  O mercado global de fitness e bem-estar é extenso, abrangendo um amplo espectro de usuários interessados em saúde física, mental e nutricional. Só no Brasil representa 0,13% do PIB nacional.
- **Crescimento**
  Há um crescimento contínuo neste mercado, impulsionado pelo aumento da conscientização sobre saúde e bem-estar pela maior adoção de soluções digitais para fitness.
- **Concorrência**
  O mercado inclui competidores estabelecidos em plataformas de fitness online, além das academias e atendimentos presenciais, mas o "IMMERSION" se diferencia pela sua abordagem holística e personalização, oferecendo uma nova alternativa no setor.

07 OPORTUNIDADE

- **Quero você porque:**
  Busco investidores com experiência em tecnologia, que possam oferecer não apenas capital, mas também orientação estratégica, conexões de mercado e insights para otimizar nosso crescimento e inovação.
- **Investimento**
  - Valor
    Estimativa para criar um MVP, de R$ 300 mil.
  - Percentual
    20%
- Investidores anteriores
  Não tem
- Utilização dos recursos
  (✓) _30_ % pró-labore fundadores
  (✓) _70_ % vendas e MKT
  ( ) ___ % Dev
  ( ) ___ % P&D
  ( ) ___ % _____
- **Fechamento**
  Concluo que este investimento oferece uma oportunidade única de participar de um projeto inovador com alto potencial de crescimento e impacto significativo no mercado de fitness e bem-estar. Criando um novo seguimento que chamo de Fitness Holístico.

05 SIM - SISTEMA INTEGRADO DE MONETIZAÇÃO

Modelo de Público
- ☐ B2B
- ☑ B2C
- ☐ B2B2C
- ☐ B2C2G
- ☐ B2G
- ☐ G2G
- ☐ B2E
- ☐ D2C
- ☐ Outros

Modelo de Negócio
- ☑ Saas
- ☐ Marketplace
- ☑ E-Commerce
- ☐ Franquias
- ☑ APP
- ☐ Produto Físico
- ☑ Serviço
- ☐ Outros

Modelo de Receita
- ☑ Vendas One Shot
- ☑ Assinatura
- ☑ Publicidade
- ☑ Pay Per Use
- ☑ Comissões
- ☐ Outros

Modelo de Canal de Vendas
- ☐ Equipes Próprias
- ☐ Representantes Comerciais
- ☑ Venda Direta
- ☐ Dealers (concessionárias)
- ☐ Atacados / Distribuidores
- ☐ Varejo
- ☐ Call-Center (Telemarketing)
- ☑ Marketing Digital
- ☐ Outros

06 FASES DA STARTUP

INSIGHT → PESQUISAS → VALIDAÇÃO → MVP → PRODUTO NO MERCADO → TRAÇÃO → ESCALA

PRÉ - STARTUP | STARTUP | CRESCIMENTO

Capítulo 10
ELO 6: ENCONTRO

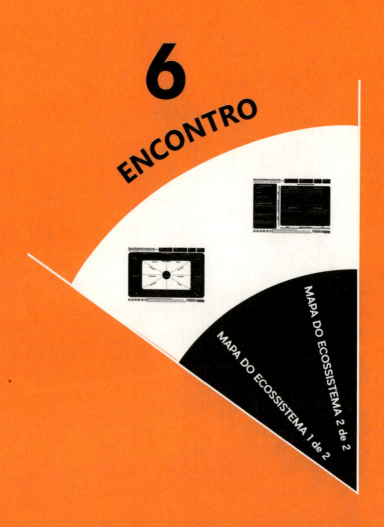

Uma empresa não existe por si só; ela nasce da necessidade de resolver os problemas das pessoas. Como um organismo vivo, é formada por aqueles que com ela interagem e os que ali vivem alegrias, frustrações e sonhos.

Fernando Seabra

MAPA DO ECOSSISTEMA

Feche os olhos por alguns segundos e tente se lembrar de quando foi a primeira vez que você ouviu a palavra ecossistema. Qual é a primeira imagem ou representação que vem à sua cabeça? Nos meus eventos, faço essa pergunta, e a resposta mais comum que aparece refere-se ao ecossistema biológico, aquele que aprendemos na aula de Biologia na escola.

Desde a década de 2010, porém, começamos a usar esse conceito na área de negócios. Quando eu era diretor do Departamento da Micro, Pequena e Média Indústria (Dempi), na Federação das Indústrias do Estado de São Paulo (Fiesp), e usava a locução "ecossistema de empreendedorismo", cheguei a receber críticas, pois acreditava-se que não fazia sentido usar esse termo na área de negócios. Mas o termo se popularizou e entrou na moda.

Ecossistema é todo e qualquer ambiente, seja físico, virtual, seja híbrido, composto de partes interdependentes, muitas vezes com interesses conflitantes, mas que podem depender umas das outras para atingirem sucesso. Vou dar alguns exemplos.

Você se lembra de quando falei do Ozempic® e as companhias aéreas? Só relembrando, o medicamento emagrecedor faria diminuir o peso médio da população, e as companhias aéreas poderiam economizar milhões de dólares por ano em combustível. As duas empresas, a farmacêutica e a aérea, fazem parte de um mesmo ecossistema, pois a atuação de uma interfere no mercado da outra.

Outro exemplo relevante é do Ozempic® e a indústria de alimentos. A Morgan Stanley publicou em 2024 uma pesquisa afirmando que residências com usuários do medicamento e de outros emagrecedores podem ter uma diminuição 6% a 9% com despesas de alimentação.[48]

Esses são exemplos do efeito borboleta[49] em mercados conectados, quando alterações em um nicho específico podem desencadear grandes impactos em outros devido à interdependência econômica.

AGORA RESPONDA:
QUAL É O OZEMPIC® NO SEU MERCADO? QUEM PODE ACABAR COM O SEU NEGÓCIO SEM QUE VOCÊ PERCEBA?

....

....

....

E esse é o tema do *Elo 6: Encontro*, o último da Mandala da Inovação, que vai ensinar você a ver, entender e interagir com o ecossistema no qual está inserido.

---

[48] DENHAM, J. Efeito Ozempic é exagerado? Estudo aponta queda de compras de alimentos em até 9%. **Bloomberg Línea**, 18 fev. 2024. Disponível em: https://www.bloomberglinea.com.br/negocios/efeito-ozempic-e-exagerado-estudo-aponta-queda-de-compras-de-alimentos-em-ate-9/. Acesso em: 12 ago. 2024.

[49] O efeito borboleta é uma metáfora utilizada pelo meteorologista Edwar Lorenz, então professor do Instituto de Tecnologia Meteorológica de Massachusetts, para se referir à influência de uma ação sobre outra. Ele afirmou que o bater de asas de uma borboleta em uma parte do mundo poderia provocar um tufão em outra (N.E.).

VER → ENTENDER → INTERAGIR

Quem vê não necessariamente entende e quem entende não necessariamente sabe interagir com quem está presente. Por isso, o *Mapa do Ecossistema* analisa detalhadamente o ambiente externo e interno que afeta a sua organização, as pessoas de interesse e influência de terceiros, bem como a forma de interagir com cada uma delas. Essa é a sua hora de ir para o mundo, integrando o seu ecossistema e entendendo que não existe começo, meio e fim na Inovação, e que tudo é um processo contínuo de Inovação e interação.

O *Elo 6: Encontro* é composto de dois canvas, *Visão Sistêmica dos Interlocutores* e *Engajamento com Interlocutores*, que formam o *Mapa do Ecossistema*, uma ferramenta versátil que deve ser usada para melhor entender as interações complexas e as influências que afetam seu projeto, ajudando a tomar decisões mais assertivas e a desenvolver estratégias mais eficazes. Você pode utilizá-lo para fazer a análise de stakeholders, planejamento estratégico, entrada em novos mercados, Inovação e desenvolvimento de produtos, gestão de crise, construção de redes e parcerias e monitoramento de influências externas.

MAPA DO ECOSSISTEMA 1
Visão Sistêmica dos Interlocutores

O *Mapa do Ecossistema 1 – Visão Sistêmica dos Interlocutores* é composto de Microambiente e Macroambiente. Ele é importante porque ajuda a enxergar o ecossistema no qual está inserido.

Mapa do Ecossistema by Fernando Seabra
1 de 2
Visão Sistêmica dos Interlocutores

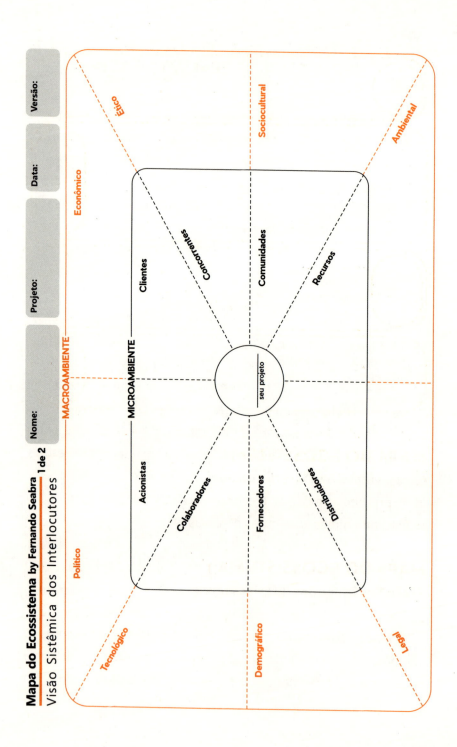

A MANDALA DA INOVAÇÃO

PASSO 01 — Comece anotando no centro do canvas o nome do negócio que terá seu ecossistema analisado.

PASSO 02 — Na sequência, na parte interna do canvas, descreva seu microambiente, que são os elementos próximos e controláveis que impactam diretamente as operações do seu negócio.

São eles: clientes, concorrentes, comunidades, recursos (humanos, financeiros, materiais, tecnológicos, intelectuais, naturais, organizacionais, relacionais, etc.), distribuidores, fornecedores, colaboradores e acionistas.

PASSO 03 — Na parte externa do canvas, descreva o macroambiente, que são os fatores amplos e incontroláveis que afetam o ambiente de negócios em geral: econômico, ético, sociocultural, ambiental, legal, demográfico, tecnológico e político.

PASSO 04 — Após preencher o micro e macroambiente, reveja suas anotações e pense na correlação entre os elementos e fatores percebidos, pois talvez tenha faltado algo. Quanto mais informações acrescentar, melhor será a sua visão sistêmica. Tente não deixar espaços em branco.

MAPA DO ECOSSISTEMA 2
Engajamento com Interlocutores

O *Mapa do Ecossistema 2 – Engajamento com Interlocutores*, ensinará você a entender e interagir com os stakeholders do seu ecossistema. Este canvas é composto de *Pessoas de Interesse, Influência de Terceiros* e *Mapa de Interlocutores*, e ele é importante para que você posicione os indivíduos de acordo com seu grau de influência e interesse.

Mapa do Ecossistema by Fernando Seabra
Engajamento com Interlocutores
2 de 2

Nome: | **Projeto:** | **Data:** | **Versão:**

MAPA DE INTERLOCUTORES

Manter satisfeito
- Envolver e consultar na área de interesse;
- Tentar aumentar o nível de influência;
- Objetivo: transformar em "Manter envolvido".

Manter envolvido
- Concentrar esforços nesse grupo;
- Envolver em tomadas de decisão;
- Interagir e consultar regularmente.

Manter informado
- Efetuar esforço mínimo;
- Informar por meios de comunicação gerais.

Manter engajado
- Aproveitar para engajar em áreas de baixo risco;
- Informar/consultar sobre áreas de interesse;
- Potencial apoiador/embaixador do projeto.

Interesse do Interlocutor — ALTO / BAIXO

Influência do Interlocutor — BAIXO / ALTO

PESSOAS DE INTERESSE

1. Usuário Final:

2. Comprador:

3. Tomador de Decisão:

INFLUÊNCIA DE TERCEIROS

1. **Influenciador:** quem se manifesta positiva-mente ao comprador/tomador de decisão?

2. **Recomendador:** quem se manifesta posi-tivamente ao usuário final?

3. **Sabotador:** quem se manifesta negativa-mente e tenta sabotar o projeto?

A MANDALA DA INOVAÇÃO

PASSO 01

No canvas, escolha entre os elementos e fatores selecionados no canvas Mapa do Ecossistema 1 – Visão Sistêmica dos Interlocutores e preencha as Pessoas de Interesse (usuário final, comprador e tomador de decisão), bem como aquelas que representam Influência de Terceiros (influenciador, recomendador e sabotador).

Na fase final, posicione os interlocutores mapeados nos campos Pessoas de Interesse e Influência de Terceiros no campo à direita (Mapa de Interlocutores), conforme seu grau de influência e interesse (baixo ou alto).

PASSO 02

PASSO 03

Interaja com cada um dos interlocutores inseridos no mapa, criando estratégias de relacionamento para manter ou se necessário alterar suas posições.

O *Elo 6: Encontro* fecha a Mandala da Inovação. Agora que você já vivenciou a Mandala da Inovação por completo e entendeu o objetivo de cada um dos elos, pode trilhar as suas próprias rotas de aprendizado. Sempre que precisar, volte às metodologias que mais fazem sentido para você e as refaça, altere ou as complemente.

Sei que são muitas informações, mas com todos os canvas preenchidos, agora você tem uma nova visão do seu negócio e entende como a Inovação pode estar presente em todos os momentos.

A Inovação contínua vai elevá-lo a outro nível.

Acredite no seu potencial!

Estudo de caso

Veja como a Camila Souza, da Pest Field Agentes Biológicos, preencheu o seu Mapa do Ecossistema para entender melhor o seu ambiente externo e o interno. Todos esses agentes têm algum grau de envolvimento com a sua empresa.

Mapa do Ecossistema by Fernando Seabra

1 de 2

Nome: Camila Souza

Projeto: Pest Field - Soluções em pesquisa agronômica

Data: 23/06/24

Versão:

Visão Sistêmica dos Interlocutores

MACROAMBIENTE

MICROAMBIENTE

Soluções para pesquisa agronômica seu projeto

Político
- Posicionamento político para conservação ambiental e regulamentação da forma de produção agrícola.

Econômico
- Oscilação do dólar;
- Preço de commodities.

Ético
- Honestidade;
- Confiabilidade;
- Imparcialidade.

Sociocultural
- Exigência do mercado consumidor por produtos cada vez mais sustentáveis;
- Práticas sociais segundo ESG.

Tecnológico
- Lançamento de novas tecnologias para o manejo de pragas.

Demográfico
- Aumento da população mundial e aumento do consumo.

Legal
- Legislação para atuação da empresa/Pest Field (Ex. Sisbio, MAPA);
- Legislação para insumos agrícolas;
- Proibição e/ou liberação do uso de inseticidas (Ex. Anvisa, Ibama).

Ambiental
- Produção sustentável;
- Conservação ambiental;
- Desequilíbrio biológico;
- Demanda de desenvolvimento de novas moléculas com maior sustentabilidade.

Clientes
Protepla, FRV, Fitolab, Syngenta, Corteva, KWS, Bayer, Basf e Limagrain.

Concorrentes
Assist, Biopartner e Genetic Seeds

Comunidades
Sociedade Brasileira de Entomologia (SEB)

Recursos
- Capital: Capital de giro;
- Fábrica: Equipamentos de produção;
- Capital humano: dedicação exclusiva dos sócios.

Acionistas
- Camila Moreira de Souza (Sócia);
- Leontino Neto (Sócio).

Colaboradores
Colaboradores temporários.

Fornecedores
- Logística (p.ex.: Azul Cargo, Carvalima);
- Insumos (p.ex.: Rezenflex, LaborMed);
- Equipamentos (p.ex.: Eletrolab, Tropical Estufas);
- Serviços (p.ex: Contabilidade, Marketing, T.I.)

Distribuidores

---

206 A MANDALA DA INOVAÇÃO

Mapa do Ecossistema by Fernando Seabra

2 de 2

Engajamento com Interlocutores

Nome:	Projeto:	Data:	Versão:
Camila Souza	Pest Field – Soluções em pesquisa agronômica	23/06/24	

MAPA DE INTERLOCUTORES

Eixo vertical: Interesse do Interlocutor (BAIXO → ALTO)
Eixo horizontal: Influência do Interlocutor (BAIXO → ALTO)

Manter satisfeito (Alto interesse / Baixa influência)
- Envolver e consultar na área de interesse;
- Tentar aumentar o nível de influência;
- Objetivo: transformar em "Manter envolvido".

Karine, Carlos, Fernanda, Éder, Camila, Ana, Fábio e assistentes técnicos de campo.

Manter envolvido (Alto interesse / Alta influência)
- Concentrar esforços nesse grupo;
- Envolver em tomadas de decisão;
- Interagir e consultar regularmente.

Anderson, Ricardo, Fernando, Larissa, Gabriela, Josimar, Clerison, Alexandre e Jéssica.

Manter informado (Baixo interesse / Baixa influência)
- Efetuar esforço mínimo;
- Informar por meios de comunicação gerais.

Paulo, Daniele e equipes de campo.

Manter engajado (Baixo interesse / Alta influência)
- Aproveitar para engajar em áreas de baixo risco;
- Informar/consultar sobre áreas de interesse;
- Potencial apoiador/embaixador do projeto.

Laís, José Paulo, Uéliton e Danyela.

PESSOAS DE INTERESSE

1. Usuário Final:
Larissa, Karine, Fernanda, Carlos, Ana, Camila, Danyela e respectivas equipes de campo e assistentes técnicos de campo.

2. Comprador:
Ricardo, Daniele, Josimar, Éder, Clerison, Alexandre e Fábio.

3. Tomador de Decisão:
Anderson, Fernando, Larissa, Laís, Fernanda, Gabriela, Clerison, Alexandre, Daniele, Uéliton, Jéssica e Danyela.

INFLUÊNCIA DE TERCEIROS

1. Influenciador: quem se manifesta positivamente ao comprador/tomador de decisão?
Anderson, Fernando, Larissa, Laís, Gabriela, Clerison, José Paulo, Ana, Jéssica e Danyela.

2. Recomendador: quem se manifesta positivamente ao usuário final?
Anderson, Laís, Alexandre e Danyela.

3. Sabotador: quem se manifesta negativamente e tenta sabotar o projeto?
Paulo, Daniele e equipes de campo.

Capítulo 11

INOVAR A QUALQUER HORA E EM QUALQUER LUGAR

Abrace a incerteza e
transforme-a em oportunidade.
Essa é a essência da Inovação.
Fernando Seabra

Em maio de 2023, eu fiz uma palestra no Startup Day — Macapá (AP). A dona Antônia Bezerra, 76 anos, estava na plateia, atenta a tudo que eu falava. Três dias depois, eu a encontrei na minha aula virtual gratuita do Clube BoraFazer. Eu estava ensinando a metodologia *Pitch Canvas* e, em determinado momento, perguntei a ela:

"Dona Antônia, a senhora sabe o que é pivotar?"

Derivado do inglês *pivot* (girar), pivotar significa uma mudança de estratégia empresarial, mas mantendo a mesma base. A empresa muda, mas não completamente. O termo é inspirado em uma das posições dos jogadores de um time de basquete, o pivô. No jogo, o atleta se posiciona o mais próximo da cesta e sua função é receber a bola da defesa, girar 180° e fazer o ponto. Veja bem: eu falei 180° e não 360°. Assim, a fim de pivotar, faça-o sempre entre 1° e 359°, jamais 360°, o que o levaria à posição inicial.

Para responder à pergunta que fiz à dona Antônia, que não sabia a resposta, preferi seguir uma explicação mais prática:

> *"Imagine que você faça suco de açaí e venda em um ponto da sua cidade. Um dia, você sai para vender e repara que as pessoas não querem mais esse sabor, agora preferem cajá. Então, volta para casa, congela o suco de açaí, faz o de cajá e volta*

para vendê-lo. Isso é pivotar. Desse modo, você ouviu o desejo do seu cliente e se adaptou para atender esta demanda."

Nessa época, ela tinha acabado de fundar a Amazon Bioprotein, empresa especializada em suplementos proteicos feitos com uma planta tradicional da Amazônia, mas não tinha a mínima noção de como fazer um planejamento estratégico para a sua empresa e muito menos de como se empreendia com Inovação.

Em abril de 2024, quase um ano depois daquele primeiro papo, eu a encontrei novamente. Então, dona Antônia diz para mim:

"Fernando, eu pivotei. Estou fazendo uma pesquisa junto a uma universidade para acrescentar minerais ao meu produto. A ideia é que ele vá para o mercado sendo um suplemento proteico enriquecido de minerais."

Ela ouviu a minha palestra e, com o que aprendeu, conseguiu transformar a sua ideia em realidade, o que já é admirável. Mas ela foi além e entendeu o conceito de Inovação, aplicou o que aprendeu, se planejou, buscou parcerias e conseguiu pivotar um ano depois. Sua capacidade de ouvir e responder às necessidades do mercado reflete exatamente a essência do empreendedorismo moderno.

Seu feito, em um período da vida em que poucos resolvem empreender, chamou tanto a atenção que ela até foi pauta de uma matéria na revista Pequenas Empresas & Grandes Negócios.[50] Se

---

[50] SILVA, R. Aos 76 anos, ela fundou uma startup de suplementos a partir de uma planta tradicional da Amazônia. **Revista PEGN**, 24 fev. 2024. Disponível em: https://revistapegn.globo.com/startups/noticia/2024/02/aos-76-anos-ela-fundou-uma-startup-de-suplementos-a-partir-de-uma-planta-tradicional-da-amazonia.ghtml. Acesso em: 16 ago. 2024.

isso não é ter o conceito de Inovação contínua cravado em si, já não sei mais o que é. Ela queria empreender, ela deu o *start* para viver a Inovação e entendeu que podia realizar o seu sonho. "Empreender com Inovação é fantástico", ela me disse certa vez.

Dona Antônia mudou sua maneira de pensar durante esse processo, e entendeu o que é Inovação. E eu vejo isso acontecendo constantemente com as pessoas que mentorei ou que participam de alguma das minhas palestras.

A Mandala da Inovação é um processo de amadurecimento das ideias e conceitos e de si próprio. Por isso, afirmo: a Mandala da Inovação é um processo terapêutico, pessoal e de negócios.

VOCÊ TEM UMA MISSÃO NA VIDA

Se você preencheu todos os canvas, deve estar com a cabeça borbulhando de ideias agora. Assim como a Camila Souza, que diz que a cada canvas que ela fazia aumentava a sua vontade de revolucionar o seu negócio. Ou o Vitor Crovador, que conheceu o mundo da Inovação usando a Mandala da Inovação. Este é o meu objetivo: eu quero que, a partir dessas ideias todas que estão surgindo, você descubra um novo modo de empreender e de viver a Inovação.

Acredito que ninguém está nessa vida na função de passageiro, muito menos você. Se você está aqui, tem uma missão a cumprir na vida pessoal e na profissional, mas só fará isso em plenitude se for o condutor da sua própria jornada. O que eu me propus neste livro foi prepará-lo para que, como empreendedor, você descubra a sua missão e a cumpra, sendo um pouco melhor a cada dia.

Sabe aquela história que James Clear traz no livro *Hábitos atômicos*,[51] de ser 1% melhor a cada dia? Pois é, no começo, essa mudança não é perceptível, parece que não estamos fazendo nada de diferente, mas se olharmos no longo prazo, veremos que, em um ano, podemos nos tornar 37 vezes melhores do que antes.

Isso tem a ver com o conceito de Inovação contínua. Muitas vezes, ficamos esperando algo grandioso acontecer para dizer que tivemos sucesso, mas não nos damos conta das pequenas mudanças feitas hoje que trarão resultados perceptíveis no futuro. Enquanto acreditarmos que inovar é só fazer coisas grandiosas, que envolvem milhões em investimento ou tecnologia, estaremos perdendo a chance de inovar um pouco a cada dia.

PROCESSO DE RECONSTRUÇÃO

Você inova quando cria uma empresa ligada aos seus propósitos, quando agrega pessoas diferentes ao seu ecossistema para uma troca de informações e experiências diferentes, quando faz um pitch surpreendente, quando reúne a sua equipe e busca perspectivas novas para resolver o mesmo problema. É algo pequeno, que às vezes nem parece que vai surtir um resultado grandioso, mas que prova o contrário para quem se compromete continuamente com esse processo.

Dona Antônia nem deve ter se dado conta, mas o fato de abrir uma empresa aos 76 anos é inovador. Do mesmo modo que ela, **todos os dias você tem a chance de inovar, mas precisa estar atento aos movimentos que acontecem ao seu redor.** Foi assim

---

[51] CLEAR, J. **Hábitos atômicos**: um método fácil e comprovado de criar bons hábitos e se livrar dos maus. Rio de Janeiro: Editora Alta Life. 2019.

no caso de Miriam Leão, minha mentorada, que, após percorrer toda a Mandala da Inovação, se deu conta de que havia coisas em sua empresa que até então pareciam estar andando bem, porém ela enxergou que era possível melhorar. A expressão que Miriam usou foi: "Vou reconstruir o meu negócio". E reconstruiu.

A Mandala da Inovação é um despertar. Passei dez anos criando essas metodologias, conforme identificava as necessidades dos empreendedores que passaram pela minha jornada. Além disso, elas são um reflexo da minha transformação pessoal e profissional. Esse conteúdo é a minha vida. Nenhuma metodologia foi criada à toa, foram criadas porque precisei delas. Eu levei décadas para me descobrir, para encontrar a minha *Fórmula do Encontro*. Antes disso, vivia como um personagem social para cumprir as expectativas que eu achava que deveriam ser cumpridas.

Antigamente, eu vivia não para ser feliz, mas tentando ser mais feliz do que os outros – acreditando que eles eram mais felizes do que realmente são, assim como falou Montesquieu. Vivi isso por décadas e só consegui sair desse *looping* que me causava frustração quando entendi que poderia mudar isso, que tudo que eu tinha vivenciado serviria de aprendizado. Aí juntei todo o meu conhecimento acadêmico e minhas experiências profissionais e criei a Mandala da Inovação.

Eu sou fruto do que eu ensino. E eu sei que dá certo. Sempre ouço pessoas elogiando o quanto mudaram a vida por meio dessas metodologias ágeis que eu criei. Seja a dona Antônia, seja qualquer outra pessoa que consumiu meus ensinamentos até hoje.

Certa vez, em um workshop que ministrei em uma cidade no interior do Paraná, um dos alunos era um garoto de 14 anos. Eu ensinei uma turma de vinte adolescentes a montar um projeto de

INOVAR A QUALQUER HORA E EM QUALQUER LUGAR **213**

empresa e a se apresentar usando a metodologia *Pitch Canvas*. Reparei nesse menino, pois ele era bem participativo, dava opiniões, fazia perguntas e, ao perceber o seu potencial, eu incentivava o seu aprendizado e a sua participação.

Eu sou assim quando reparo que alguém tem potencial e que só precisa de um estímulo. Fiz uma pergunta, ele não respondeu corretamente, mas mostrei que ele estava no caminho certo. Ao final do workshop, promovi uma competição, e o projeto de startup da equipe desse aluno foi o ganhador.

Naquele mesmo dia, ocorreu uma cerimônia de encerramento com palestras do Ricardo Bellino, minha e do Caito Maia, fundador da Chilli Beans. A plateia estava lotada, umas quinhentas pessoas, e o menino tão empoderado, tão seguro de si por causa do conhecimento adquirido e da competição que havia ganhado naquela manhã se sentou na segunda fileira. Ao final da palestra, ele estava tão empoderado, o Caito abriu para perguntas e ele prontamente aproveitou a oportunidade: "Caito, quanto você acha que eu devo vender de *equity* da minha startup?". O menino falou como se já tivesse uma startup, sendo que ele tinha acabado de criar o projeto havia menos de seis horas durante a minha aula. Eu fiquei superorgulhoso e feliz.

O Caito ficou encantado, queria saber de onde esse menino tinha saído, como tinha adquirido tal conhecimento. Naquele exato momento, o reitor da faculdade local se levantou, dirigiu-se a ele e disse: "Me procure quando terminar o segundo grau, você vai ganhar uma bolsa de estudos para o curso que quiser fazer".

Naquela noite, me perguntaram durante o jantar se eu sabia quem era aquele menino, minha resposta foi que ele era um aluno que havia feito meu workshop pela manhã. Nada além disso. E a pessoa respondeu: "Mas você sabe quem é ele aqui na cidade? Ele é o filho do pipoqueiro".

Esse menino mostra o quanto a aquisição de conhecimento é importante para mudar a realidade e o quanto a Inovação pode fazer parte da vida pessoal e profissional de qualquer pessoa. Eu não tive mais notícias dele, mas com a sagacidade e o interesse que demonstrou, ele tem chances de mudar a vida dele e da família. Isso é inovar a qualquer hora e em qualquer lugar. Que tal começar o seu processo de Inovação contínua agora? Abrace esta oportunidade!

Capítulo 12

A JORNADA DA VERDADE

Geralmente, quem empreende tem medo de enfrentar o abismo. Porque ele é a incerteza, o risco, a concorrência que está querendo pegar o seu mercado, é uma legislação que surgiu e que mexe com o seu negócio. E por aí vai. Com quantos abismos você já se deparou na vida e o quanto eles o impactaram?

Eu já me joguei nesse abismo várias vezes. Com pouca preparação e validação, precisei criar as ferramentas necessárias para sair do que muitas vezes me parecia um poço sem fundo. Me enxergar ali, naquela situação de vulnerabilidade, só confirmou o que eu queria fazer e venho fazendo desde então: ajudar empreendedores a encontrar novos caminhos em suas jornadas.

O abismo não me assusta mais. E não deveria assustar você também. Após a leitura deste livro, você está mais seguro, adquiriu conhecimentos que antes não tinha, sabe como enfrentar os desafios que a vida empreendedora traz e está preparado para mergulhar de cabeça nesse abismo e tirar de lá oportunidades de crescimento e novos aprendizados.

Eu entreguei todo o conteúdo que passei anos estudando e aprendendo na prática para que você consiga ser o protagonista dessa sua transformação, aquela que começa no seu interior e reflete para o exterior.

Este livro é a minha maneira de contribuir para um mundo mais próspero e inovador. Provavelmente você já encontrou muitas pessoas por aí prometendo que vão lhe ensinar a ganhar milhões, que vai ficar milionário. Essa não é a minha proposta. O que eu quero é mostrar um caminho de consciência de si próprio para que você atinja o sucesso que deseja. Como disse meu mentorado José Miranda: "Fernando Seabra nos ensina a construir valor para depois construir patrimônio". E eu não vejo como ser diferente.

Este livro não é o fim, mas sim o começo de um processo contínuo. Com a aplicação, compreensão e vivência das metodologias, você vai sempre se reinventar e inovar para manter e expandir seu espaço no mercado, conquistar novos clientes, criar uma marca forte e uma cultura de Inovação que seja parte do DNA do seu negócio.

Espero que este livro seja um divisor de águas na sua vida, como aconteceu na minha. Analise o que você era e os seus antigos conceitos; veja quem você é e qual é o seu novo entendimento sobre Inovação. Torço para que, a partir deste momento, mesmo que anos se passem, você vai estar sempre se renovando, se reinventando, entrando de cabeça no abismo e saindo de lá fortalecido e com os olhos brilhando. E, se precisar entrar ali de novo, vai fazer isso sem medo.

Se tem algo que ninguém pode tirar de você é a sua história. Viva a sua nova história!

Antes de terminar, quero fazer um trato com você. Como proponho aos participantes das minhas mentorias, peço que assine a *Carta de Compromisso Seabra para Inovação*, que será a sua bússola para viver essa nova cultura.

Firme o seu compromisso de Inovação postando a carta assinada em suas redes sociais e marcando os meus perfis no LinkedIn (https://www.linkedin.com/in/feseabra/) e no Instagram (@fernando.seabra). Também vou adorar saber como você está aplicando a Mandala da Inovação na sua vida pessoal e profissional compartilhando as metodologias preenchidas.

Agradeço de coração sua vontade de se juntar a mim.

Carta de Compromisso Seabra para Inovação

Missão
Nossa missão é criar, implementar e cultivar uma cultura de inovação em nossos negócios, buscando atender às crescentes mudanças de mercado e aos interesses de nosso público interno (colaboradores) e externo (clientes). Estamos comprometidos em promover a excelência e a transformação contínua em tudo o que fazemos, sempre guiados por sólidos princípios morais e éticos.

Visão
Nossa visão é sermos reconhecidos como líderes em inovação, um modelo a ser seguido na promoção de mudanças positivas em nossos negócios, no mercado e na sociedade como um todo. Pretendemos alcançar um equilíbrio sustentável entre o crescimento financeiro e a responsabilidade social, contribuindo para um mundo mais dinâmico e ético. Ao fazer isso, esperamos inspirar outros a se juntarem a nós na busca constante pela inovação responsável e pelo sucesso no longo prazo.

Valores
Inovação Sustentável: acreditamos na inovação como um pilar para o crescimento sustentável. Buscamos constantemente novas maneiras de abordar desafios e oportunidades, mantendo o equilíbrio entre a eficiência e a responsabilidade ambiental.

Ética e integridade: nossa conduta é baseada em princípios morais e éticos inabaláveis. Valorizamos a honestidade, a transparência e a responsabilidade em todas as nossas interações, tanto internas quanto externas.

Empoderamento dos colaboradores: reconhecemos que nossos colaboradores são o nosso maior capital humano e coração de nossa comunidade. Promovemos um ambiente inclusivo, onde o respeito, a diversidade e o desenvolvimento pessoal são incentivados, permitindo que cada indivíduo alcance seu potencial máximo.

Foco no cliente: colocamos nossos clientes no centro de nossas operações. Buscamos entender suas necessidades, superar suas expectativas e construir relacionamentos de longo prazo baseados na confiança e no valor entregue. Reconhecemos que somente existimos para atender as necessidades e interesses de nossos clientes.

Aprendizado contínuo: Abraçamos a mentalidade de aprendizado contínuo. Encorajamos a curiosidade, a experimentação e a adaptação rápida às mudanças, sempre visando aprimorar nossas práticas e resultados.

_____   _____
Fernando Seabra

___/___/___

Acesse o QR Code e imprima sua carta de Compromisso.

CLUBE BORAFAZER

Para você que chegou até aqui, gostaria de convidá-lo a fazer parte do Clube BoraFazer, uma *socialtech* global do ecossistema de Inovação de acesso gratuito, idealizada por mim em março de 2023 e que reúne milhares de membros em mais de oitocentas cidades de mais de trinta países.

São empreendedores, investidores, mentores, consultores e profissionais de diversas áreas que compartilham o objetivo comum de fomentar o empreendedorismo e a inovação por meio de experiências, ideias, conhecimentos e networking sustentável.

O Clube BoraFazer se destaca como uma força inovadora e transformadora na sociedade, e tem um compromisso inabalável com a educação e o desenvolvimento profissional, reunindo indivíduos que estão em busca de crescimento e aprendizado contínuos. E eu acredito que você é um de nós.

Venha fazer parte deste universo! Acesse agora mesmo!